WRITING CONVERSATIONAL KOREAN

Created by Katarina Pollock and Chelsea Guerra
Illustrated by Yujin Kim

Copyright © 2021 Katarina Pollock, Chelsea Guerra

All rights reserved. No part of this book may be reproduced or used in any manner without the prior written permission of the copyright owner, except for the use of brief quotations in a book review.
To request permissions, please contact: support@gooseapplebooks.com

Paperback ISBN: 978-1-7376777-6-5

First paperback edition: February 2023

QR Codes to all YouTube videos included with video owner's permission
Excerpts Reprinted by Permission: Native writing samples voluntarily submitted by anonymous users with knowledge of their submission's purpose.

www.gooseapplebooks.com

GOOSE APPLE

BOOKS

- THE COMPLETE -
WRITING CONVERSATIONAL KOREAN SERIES

 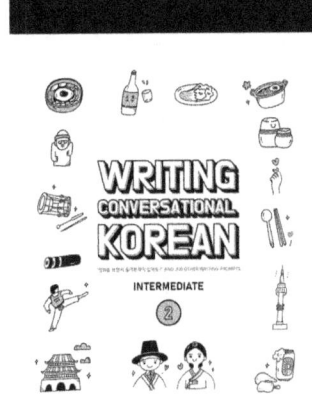 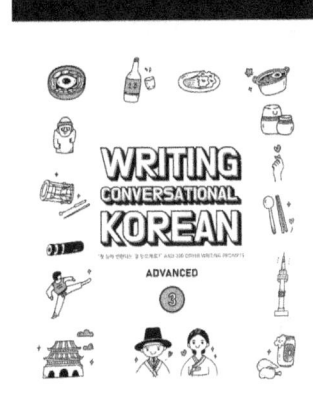 

Writing Conversational Korean: Book One
" 코를 골아요?"
and 200 other writing prompts

Writing Conversational Korean: Book Two
"영화를 보면서 울어 본 적이 있어요?"
and 200 other writing prompts

Writing Conversational Korean: Book Three
"첫 눈에 반한다는 걸 믿으세요?"
and 200 other writing prompts

Writing Conversational Korean: Book Four
"당신은 외계인을 믿으세요?"
and 200 other writing prompts

Chapters
Experiences, Abilities, Habits, Travel

Chapters
Preferences, Entertainment, Food, Nature

Chapters
Family, Feelings, Desires, Relationships, Friends

Chapters
Memories, Personality, Opinions, Work, School

Korean Level
Intermediate +

Korean Level
Intermediate +

Korean Level
Advanced +

Korean Level
Advanced +

For more information, check out the books on our website.
www.gooseapplebooks.com/books

목차

00 - 이 책의 활용법 5

1A - 가족에 대한 질문 10

1B - 가족에 대한 원어민 답변예시 33

2A - 감정에 대한 질문 52

2B - 감정에대한 원어민 답변예시 74

3A - 소망에 대한 질문 90

3B - 소망에 대한 원어민 답변예시 109

4A - 연인에 대한 질문 126

4B - 연인에 대한 원어민 답변예시 153

5A - 친구에 대한 질문 171

5B - 친구에 대한 원어민 답변예시 190

06 - 번역 208

이 책의 활용법

활용법 00

환영합니다!

일상 대화에서 쓰이는 실용적인 고급레벨의 한국어를 배우기 위한 책입니다. 이 책에서는 두가지 중요한 요소를 가지고 있습니다.

질문 페이지

질문 페이지에서 다양한 질문에대한 당신의 답변을 쓸 수 있는 공간이 있습니다. 질문을 읽고 스스로 답변을 적어 보세요.

몇가지의 질문에서는 질문과 관련된 유튜브 영상이 포함되어 있어서 영상을 확인할 수 있습니다. 질문과 관련된 영상을 보면서 듣기 연습을 하고 새로운 어휘를 배우고 질문의 답변을 조금 더 완성도 있게 표현하기 위한 영감을 얻을 수 있습니다.

주제에 대한 원어민 답변예시 페이지

챕터마다 한국 원어민이 질문에 대해 답변한 예시가 있습니다. 이 예시를 통해 실용적인 한국어 읽기 연습을 할 수 있고 회화체 표현과 관용어구를 배울 수 있습니다. 챕터 6에서는 영어 번역을 찾을 수 있습니다.

여러분이 'Writing Conversational Korean'으로 즐겁게 학습할 수 있기를 바랍니다!

책에 링크된 모든 동영상은 동영상 소유자의 동의 하에 제공됩니다. 각각의 질문에 대한 한국 원어민들의 답변은 그들 자신의 의견, 신념, 그리고 개인적인 역사를 가지고 쓰여졌습니다. 그 개인이 표현하는 모든 의견이나 신념은 이 책의 제작자가 아니라 그들 자신의 생각을 표현하는 것입니다.

질문 페이지

00 활용법

곤경에 처했다면 가족 중
누구에게 도움을 요청할 수 있나요? ← 질문

답변을 쓸 수 있는 공간

좋은 일이 생긴다면 가족 중
누구에게 가장 이야기하고 싶나요?

형제 자매가 있나요? 평소에 잘 지내나요? 아니면 다투나요?

답변예시 페이지

질문 →

1.01 여러분의 부모님이 당신에게 가르친 중요한 것은 무엇인가요?

부모님께서 시간은 되돌릴 수 없으니까 최선을 다해서, 나중에 후회하지 말라고 하셨어요.

1.02 여러분의 부모님이 당신에게 가르친 중요한 것은 무엇인가요?

거짓말하지 않고 정직하게 사는 것을 강조하셨습니다. 또 베풀 수 있다면 베푸는 것도요.

← 한국 원어민이 쓴 답변예시

1.03 여러분의 부모님이 당신에게 가르친 중요한 것은 무엇인가요?

저희 부모님은 예의 바르게 구는 것을 가르쳐주셨어요. 하지만 솔직히 제가 그렇게 예의바르다고 생각하지는 않아요.

1.04 여러분의 부모님이 당신에게 가르친 중요한 것은 무엇인가요?

부모님이 알려준 것은 아니고 저 스스로 깨달은 것이 있습니다. 어제의 나보다 오늘의 나는 조금씩 나아져야한다는 것입니다.

00 활용법

도움이 필요하신가요?

작성한 답변에 대한 도움이 필요할 때 하단에 명시된 사이트에 접속 후, 다른 한국 학습자들과 함께 교류해 보세요!

HELLOTALK HINATIVE /R/WRITESTREAKKOREAN

질문이 있습니까?

우리에게 이메일을 보내세요~

support@gooseapplebooks.com

구독하세요~

웹사이트에 방문하시면 이메일 구독을 신청할수 있습니다.

이메일 구독 신청후에는 향후 새로운 책, 이벤트, 무료나눔 업데이트에 대한 알림을 받으실 수 있습니다.

1A 가족에 대한 질문

1A 가족

어떤 여자 이름을 제일 좋아하세요?

어떤 남자 이름을 제일 좋아하세요?

언젠가 아이를 갖고 싶나요?

자녀를 갖지 않기로 결정한 부부에 대해 어떻게 생각하나요?

가족   1A

당신의 부모님은 어떻게 처음 만났어요?

엄마와 아빠중 누굴 더 닮았나요?

당신의 가족 일원으로서 가장 좋은점은 무엇이라고 생각하나요?

1A 가족

아이였을때 가장 좋아했던 이야기는 무엇이었나요?

당신의 조상에 대해 가장 흥미로운점은 무엇인가요?

당신은 어렸을 때 당신의 가족과 어떻게 시간을 보냈어요?

가족 **1A**

곤경에 처했다면 가족 중
누구에게 도움을 요청할 수 있나요?

좋은 일이 생긴다면 가족 중
누구에게 가장 이야기하고 싶나요?

훌륭한 부모가 되기 위한 가장 중요한 자질은 무엇이라고 생각하세요?

1A 가족

형제 자매가 있나요? 평소에 잘 지내나요? 아니면 다투나요?

비디오를 보세요!
이름: 눈만 봐도 으르렁, 자매가 싸우는 이유
채널: 이십세들

가족 1A

가장 좋아하는 집안의 전통이 무엇인가요?

외출금지를 당해본 적이 있나요?

당신의 가족은 함께 식사하나요?

1A 가족

당신은 좋은 가정 환경에서 자랐다고 생각하나요?
그랬다면 그 이유가 무엇인가요? 아니라면 왜 그렇지 않다고 생각하나요?

부모님처럼 되고 싶은가요?
그 이유가 무엇인가요? 아니라면 그 이유가 무엇인가요?

가족 1A

부모로서 당신은 엄격한 편인가요? 만약 아직 미혼이라면, 어떤 부모가 될것 같나요?

비디오를 보세요!
이름: How to break curfew and ban of sleepover by your parents?
채널: Y

1A 가족

여러분은 어렸을 때 집안 일을 해야 했나요?
했다면 어떤 일을 했나요?

아이들이 집안 일을 해야 한다고 생각하나요?

새로운 부모들을 위해 육아수업이 의무화되어야 한다고 생각하세요?

가족 1A

가족 내에서 여러분은 몇 번째 자녀인가요? 맏이, 막내, 중간, 외동인가요?
그것이 당신의 어린 시절에 어떤 영향을 미쳤다고 생각하나요?

맏이, 막내, 중간 아이들의 성격이 다른 것 같나요? 어떤 점에서요?

외동의 성격이 다르다고 생각하세요?

1A 가족

조부모님이 해주신 이야기 중 가장 재미있었던 이야기는 무엇인가요?

여러분의 부모님이 당신에게 가르친 중요한 것은 무엇인가요?

가족 1A

당신의 가족에 대해서 어떻게 생각해요?

....

....

....

....

....

....

....

누군가 살림하는 아빠가 되길 원하는것에 대해 어떻게 생각하나요?

....

....

....

....

....

....

....

1A 가족

얼마나 가족과 가까운 편인가요?

비디오를 보세요!
이름: 부모님 가슴에 대못 박은 순간
채널: 이십세들

가족 1A

임신하기 어려운 나이는 몇 살 정도라고 생각하세요?

시부모님이 있나요? 있다면 그분들과 사이가 좋은 편인가요?

1A 가족

낙태가 합법화되어야 한다고 생각하나요?

부모가 자식을 때리는 것이 옳다고 생각하나요?

가족 1A

전업주부들에게 월급이 지급되어야 한다고 생각하세요?

아이들이 축복이라고 생각하나요, 부담이라고 생각하나요, 아니면 둘 다라고 생각하나요?

1A 가족

아이를 입양하는것에 대해 생각해 본적있나요?

만약 당신이 갑자기 입양되었다는 것을 알게 된다면 기분이 어떨까요?

당신이 더이상 관계를 유지하지 않는 가족 구성원이 있나요? 있다면 그 이유가 무엇인가요?

가족 1A

당신의 가정에는 특별한 가정 규칙이 있나요?

반려동물이 가족의 일원이라고 생각하나요?

당신의 조상들은 원래 어디에서 오셨나요?

1A 가족

아이 있는 사람을 사귈 것 같아요?

정치관념이 다른 사람과 결혼 할 수 있나요?

이중 언어를 구사하는 부모가 자녀에게 모국어를 가르쳐야 한다고 생각하나요?

가족 1A

어렸을 때 가출해 본 적이 있었나요? 있다면 어떻게 된일 인지 이야기 해보세요

....

....

....

....

....

....

....

누가 당신의 삶에 가장 영향을 많이 주었나요?

....

....

....

....

....

....

....

1A 가족

당신은 유명하거나 역사적으로 중요한 사람과 관계가 있나요? 있다면 누구인가요?

할머니, 할아버지와의 추억에 대해서 쓰세요.

가족 　1A

나이가 들수록 점점 부모님을 닮아가는 것 같나요?

부모가 맏이와 막내를 다르게 대하는 것 같나요?

당신은 아이들에게 용돈을 주는 것이 좋다고 생각하시나요,
아니면 아이들이 돈을 벌어야 한다고 생각하시나요?

1B 가족에 대한 원어민 답변예시

가족 1B

1.01 여러분의 부모님이 당신에게 가르친 중요한 것은 무엇인가요?

부모님께서 시간은 되돌릴 수 없으니까 최선을 다해서, 나중에 후회하지 말라고 하셨어요.

1.02 여러분의 부모님이 당신에게 가르친 중요한 것은 무엇인가요?

거짓말하지 않고 정직하게 사는 것을 강조하셨습니다. 또 베풀 수 있다면 베푸는 것도요.

1.03 여러분의 부모님이 당신에게 가르친 중요한 것은 무엇인가요?

저희 부모님은 예의 바르게 구는 것을 가르쳐주셨어요. 하지만 솔직히 제가 그렇게 예의바르다고 생각하지는 않아요.

1.04 여러분의 부모님이 당신에게 가르친 중요한 것은 무엇인가요?

부모님이 알려준 것은 아니고 저 스스로 깨달은 것이 있습니다. 어제의 나보다 오늘의 나는 조금씩 나아져야한다는 것입니다.

1B 가족

1.05 여러분의 부모님이 당신에게 가르친 중요한 것은 무엇인가요?

먼저 사과하는 것이 이기는 것이다.
하고싶은 것을 해라 할 수 있다

1.06 여러분의 부모님이 당신에게 가르친 중요한 것은 무엇인가요?

1. 주어진 것에 감사하라.
2. 웃어른과 식사할 때 예의범절
3. 심각해지기 전에 웃어넘기는 법

1.07 여러분의 부모님이 당신에게 가르친 중요한 것은 무엇인가요?

우리 집은 급하지 않게, 쉬어가며 할 일을 하는 태도를 중요하게 생각해요. 그래서 부모님께서는 한 번에 몰아서 하는 것이 아니라 조금씩 꾸준히 할 일을 하는 태도를 중요하게 생각하며 가르치시셔요.

1.08 여러분의 부모님이 당신에게 가르친 중요한 것은 무엇인가요?

다른 부모님도 마찬가지일것 같은데.. 부모님이 엄청나게 강조한 것은 '남에게 피해주지 말라'는 것이다. 이건 지금 나에게 좀 압박적으로 작용하는 가치관이다. 남에게 도움 받거나 손내미는 것이 싫다. 피해주는 것처럼 느껴진다.

가족 1B

1.09 여러분의 부모님이 당신에게 가르친 중요한 것은 무엇인가요?

평생동안 할 운동 한 가지 정도는 있어야 한다고 말씀하셨습니다.

1.10 여러분의 부모님이 당신에게 가르친 중요한 것은 무엇인가요?

예의를 가장 중요하게 가르쳐주셨어요. 사소한 인사부터 어른을 공경하고 가까운 가족사이에도 항상 서로를 존중하고 예의를 차리는 것을 강조하셨어요. 덕분에 행동뿐 아니라 겉으로 들어나지 않는 마음가짐도 항상 갖춘 사람이 될 수 있었습니다.

1.11 여러분의 부모님이 당신에게 가르친 중요한 것은 무엇인가요?

1. 미래의 꿈은 항상 내가 하고싶은것으로 해라
2. 타인을 해하지 마라
3. 항상 즐겁게 살아라
4. 고통스러운것들을 마음에 오래두지 말아라
5. 안좋은 과거들은 굳이 기억하려하지말아라
6. 맞고다니지 마라

1B 가족

2.01 형제 자매가 있나요? 평소에 잘 지내나요? 아니면 다투나요?

형제 자매가 있어요. 어렸을 때는 서로 많이 싸웠지만 지금은 전혀 싸우지 않고 서로 잘 지내요.

2.02 형제 자매가 있나요? 평소에 잘 지내나요? 아니면 다투나요?

전 언니가 있어요. 저랑 언니가 사춘기라 좀 자주 다퉈요. 그래도 언니는 저의 가장 소중한 친구예요!

2.03 형제 자매가 있나요? 평소에 잘 지내나요? 아니면 다투나요?

여동생이 한 명 있어요. 어릴 때는 자주 싸웠는데 지금은 안 다퉈요. 너무 바빠서 얼굴도 보기 힘들거든요.

2.04 형제 자매가 있나요? 평소에 잘 지내나요? 아니면 다투나요?

한 살 많은 오빠가 있는데 사이는 별로 안 좋아요. 집을 나가서 산지 몇 년 되가지고 말을 섞은 지도 오래 되었네요.

가족 1B

2.05 형제 자매가 있나요? 평소에 잘 지내나요? 아니면 다투나요?

언니가 한명 있습니다. 어릴 때는 자주 투닥거렸는데, 지금은 얼굴을 마주칠 일이 많이 없어서 부딪히는 경우도 적어졌어요.

ㅋㅋ

2.06 형제 자매가 있나요? 평소에 잘 지내나요? 아니면 다투나요?

남동생이 있습니다. 평소에는 잘 지내지만 한 번씩 꼭 다툽니다. 기분이 상하지만 그러다가도 또 금방 풀리고 평소대로 지냅니다.

2.07 형제 자매가 있나요? 평소에 잘 지내나요? 아니면 다투나요?

언니 한명, 여동생 한명이 있어요. 같이 살고 있지 않고, 평소에는 거의 이야기를 안하는데 만나면 이야기는 잘 해요. 사이는 좋다고 생각해요~

2.08 형제 자매가 있나요? 평소에 잘 지내나요? 아니면 다투나요?

남동생이 있고, 평소 잘 연락하고 지내는 사이는 아니지만 가족 단톡방에서 서로 잘 살아있구나 확인합니다 :) 최근 제가 첫 째 아이를 낳아 톡방이 더 활발해졌어요.

1B 가족

2.09 형제 자매가 있나요? 평소에 잘 지내나요? 아니면 다투나요?

한 살 차이 여동생이 있습니다. 우리는 서로의 옷과 물건을 빌려 입거나 쓰고 함께 돈을 모아 옷을 사기도 합니다. 우리는 부모님께 하지 못하는 말들도 서로 나누면서 친하게 지냅니다.

2.10 형제 자매가 있나요? 평소에 잘 지내나요? 아니면 다투나요?

여동생 하나 있어요. 평소에 자잘한 걸로 많이 다투긴 하지만 같이 NCT①라는 아이돌 그룹을 좋아하고 있어서 NCT영화도 같이 보고 생일 카페② 도 같이 다니기도 해요. 그리고 한 명이 놀러 갔다오면 서로 먹을 걸 사다주기도 하고 서로 재밌게 보는 웹툰도 공유하면서 나름 잘 지낸답니다!

2.11 형제 자매가 있나요? 평소에 잘 지내나요? 아니면 다투나요?

오빠가 한명 있어요. 위로 두살 차이가 나는데 어렸을 땐 정말 많이 다퉜습니다. 오빠랑 사이가 정말 나빴는데 오빠가 대학과 군대를 거치고, 시험준비를 하면서 5년정도 떨어져 지내연서 좀 누그러 든것같아요. 지금은 그냥 데면데면하게 지내고 있어요. 떨어져 지내다 보니 딱히 부딪힐 일이 없어서 그런 것 같아요.

1. NCT - NCT는 SM엔터테인먼트 소속의 23인조 다국적 보이그룹이다.
2. 생일 카페 - 연예인이나 캐릭터 등 최애의 생일을 축하하기 위해 팬들이 이벤트를 여는 카페. 줄여서 생카라고도 부른다.

가족 1B

3.1 가족 내에서 여러분은 몇 번째 자녀인가요?

외동이었지만 맏이가 되었습니다. 나름 부모님의 관심과 사랑을 충분히 받은 상태에서 동생이 생겼기에 처음에는 혼란스러웠지만 받아들이는데 힘들진 않았습니다.

3.2 가족 내에서 여러분은 몇 번째 자녀인가요?

둘째이면서 막내입니다. 어릴 때는 많이 귀여움을 받았던 것 같은데 커가면서는 그닥..가족들이 항상 어리게만 대해서 좀 불편했어요.

3.3 가족 내에서 여러분은 몇 번째 자녀인가요?

맏이입니다. 한국은 대체로 맏이에게 너무 많은 부담감을 주는 나라입니다. 그래서 항상 짊어가야할 것이 많다고 생각합니다. 하지만 그만큼 책임감있게 길러지기 때문에 책임감이 대체로 다른 형제들보다 많다고 할 수 있어요.

3.4 가족 내에서 여러분은 몇 번째 자녀인가요?

맏이에요. 아무래도 어릴 때부터 "넌 언니니까 엄마 없으면 네가 엄마야.", "동생에게 양보 좀 해줘."라는 말을 많이 듣고 자랐죠. 그래서 어른들 모르게 혼자 속상해 했던적이 많은 것 같아요. '왜 나한테만 그래?'

1B 가족

3.5 가족 내에서 여러분은 몇 번째 자녀인가요?
맏이, 막내, 중간, 외동인가요? 그것이 당신의 어린 시절에 어떤 영향을 미쳤다고 생각하나요?

두 자매중 둘째입니다. 언니가 쓰던 걸 제가 많이 물려받았죠. 그리고 세살 터울이라 앞으로 배우게 될 학습과정이나 경험을 하는 데 있어서 손윗자매나 형제가 없는 친구들 보다 더 앞서 나갔던거 같아요. 그리고 어릴 때는 꽤 부려먹기도 했죠 언니가 저를...

3.6 가족 내에서 여러분은 몇 번째 자녀인가요?
맏이, 막내, 중간, 외동인가요? 그것이 당신의 어린 시절에 어떤 영향을 미쳤다고 생각하나요?

첫 째입니다. 부모님이 딱히 첫 째 아이라서 강요하신 것은 없지만 사회적, 문화적인 영향을 안받고 자랄 수는 없었나봐요. 예전에도 그랬지만 지금도 저희 집 해결사는 저라고 생각해요. 실제로 가족간의 불화가 있을 때 문제해결을 하고 넘어가는 것은 제가 하고 있습니다.

3.7 가족 내에서 여러분은 몇 번째 자녀인가요?
맏이, 막내, 중간, 외동인가요? 그것이 당신의 어린 시절에 어떤 영향을 미쳤다고 생각하나요?

두번째 자녀이자 막내입니다.
제가 막내라는 사실이 어느 정도 영향을 미쳤다고 생각합니다.
동생이라는 이유로 양보받은 것이 많고 부모님이나 언니가 대신 해주는 것이 많았어서 혼자서 할 줄 아는 것이 많이 없습니다.

가족 1B

3.8 가족 내에서 여러분은 몇 번째 자녀인가요?
맏이, 막내, 중간, 외동인가요? 그것이 당신의 어린 시절에 어떤 영향을 미쳤다고 생각하나요?

둘째이자 막내예요. 전혀 영향이 없다고 생각치는 않습니다. 위로 오빠가 있다보니 스스로 결정을 내리는걸 잘 못했어요. (지금은 전혀 그렇지 않지만요) 반대로 집안일을 하는건 더 잘해요. 오빠가 하기싫어서 제게 떠넘겼기 때문이죠. 성격도 한몫하겠지만 꼼꼼하게 챙기고 체크하는 건 집에서 제일 잘해. 또, 막내이자 유일한 딸이기에 사랑도 많이 받았다고 느껴요.

3.9 가족 내에서 여러분은 몇 번째 자녀인가요?
맏이, 막내, 중간, 외동인가요? 그것이 당신의 어린 시절에 어떤 영향을 미쳤다고 생각하나요?

저는 둘째이자 막내였고, 막내라고 하면 사랑을 많이 받을 거라는 선입견이 있는데... 저는 사랑을 많이 받고 자란 것은 맞지만, 언니 노릇을 더 많이 했어요. 지금도 제가 집을 청소하고, 밥을 차리고, 언니가 이뤄내지 못한 것들에 대한 부모님의 기대도 받고 있습니다. 여기서는 형제 사이에서도 나이에 따라서 부모님께 다른 대우를 받는 일이 잦기 때문에 각자 좋은 점도 있지만 나쁜 점도 감수하면서 살아가는 것 같아요.

1B 가족

4.1 아이들이 축복이라고 생각하나요, 부담이라고 생각하나요, 아니면 둘 다라고 생각하나요?

둘 다라고 생각합니다. 아이가 가져오는 축복은 그 아이를 가져보지 않은 사람에겐 차마 설명할 수 없는 것이라고 봅니다. 물론 키우는 것 자체는 큰 부담일 것 같네요.

4.2 아이들이 축복이라고 생각하나요, 부담이라고 생각하나요, 아니면 둘 다라고 생각하나요?

축복이기도 하지만 부담이라고 좀 더 생각해요. 실질적으로 키우는데에 있어 부모의 희생은 필수니까요.

4.3 아이들이 축복이라고 생각하나요, 부담이라고 생각하나요, 아니면 둘 다라고 생각하나요?

그건 ... 너무 어려운데요? 근데 지금까지 살면서 제 어머니를 제외하고 축복이라는 이야기를 들어 본 적이 있을까요 .. 다들 ~한 이유로 아이를 낳잖아요. 특히 저는 아이에게 이 아름다운 세상을 만나게 해주고 싶어요, 아이를 위해서요! 라는 말을 들어 본 적이 없는 것 같아요. 본인을 위하는 무언가? 라는 생각이 많이 들어요. 그래서 부담에 조금 더 가까운 것 같네요, 저의 의견은

가족 1B

4.4 아이들이 축복이라고 생각하나요, 부담이라고 생각하나요, 아니면 둘 다라고 생각하나요?

둘 다이지 않을까요. 소중한 한 생명이 생겨난 것이니까요. 그러면서도 사회를 구성하는 올바른 한 사람으로 키워내는 일은 쉽지 않으니 부담일 거라는 생각도 들어요. 뭐가되었건 축복과 부담을 한번에 받는 부모들이 참 대단하다고 느껴요.

4.5 아이들이 축복이라고 생각하나요, 부담이라고 생각하나요, 아니면 둘 다라고 생각하나요?

잘 모르겠어요. 아이를 오랫동안 원해왔다면 당연히 축복이겠죠. 하지만 아이를 원치 않았는데 가지게 되었다면, 저는 부담이라고 생각해요. 아이를 키우는 데 드는 비용은 만만치 않아요. 아이를 키우기 위해 많은 시간을 써야 하죠. 그 시간을 감당할 수 없는 사람에게 아이는 엄청난 부담이 될 거예요.

4.6 아이들이 축복이라고 생각하나요, 부담이라고 생각하나요, 아니면 둘 다라고 생각하나요?

아이들은 축복이면서 동시에 부담이죠. 무조건 아이를 가지고 싶어하는 사람들은 생각이 깊어보이진 않아요. 그에 따른 책임이 막중하고 부모로서의 자격을 갖추어야하기 때문이에요. 그리고 무엇보다도 아이를 갖는 문제는 전적으로 여성의 결정권이 가장 중요해서 남성들이 먼저 아이를 갖고 싶다고 말하면 책임감이 없어보여요.

1B 가족

4.7 아이들이 축복이라고 생각하나요, 부담이라고 생각하나요, 아니면 둘 다라고 생각하나요?

아이들은 축복이지만 사람에 따라 부담이 될 수도 있다고 생각해요. 아이를 낳는 어머니 입장에서는 열달동안 아이를 품고 교감할 수 있지만 그만큼 신체적 변화에 적응하고 출산을 감내해야해요. 아이를 낳고 나서도 아이를 한 성인이 될 때까지 먹이고 입히고 길러내는 건 시간과 비용이 많이 드는 일이죠. 그러나 분명히 그럴 가치가 있다고는 생각해요. 다만 부모가 될 사람은 앞으로 무슨 일이 일어날지 모른다는 것에 대응할 책임감을 가져야겠죠. 아이를 부양할 경제적 정신적 여유가 있다면 아이는 축복이라고 생각해요.

4.8 아이들이 축복이라고 생각하나요, 부담이라고 생각하나요, 아니면 둘 다라고 생각하나요?

저 개인적으로는 준비된 부모만이 아이를 '축복'하며 기를 수 있다고 생각해요. 환경이 좋지 못하고 여유가 되지 않는데 아이를 낳아 기르게 된다면 의도가 없었더라도 그 아이는 부모에게 어쩔 수 없이 존재 자체만으로 짐이 된다는 느낌을 받는 일이 생길 것이고 그러한 점은 가족 간의 화목한 분위기도 조용히 병들도록 만들어버릴 수 있는 것 같아요. 저는 세상에 조금 회의적이라서 지구 온난화나 아프가니스탄 등의 외교 상황을 미루어 봤을 때 앞으로 미래가 점차 어두워질 것 같아서, 제 아이를 낳아 키우는 것이 무섭기도 하고 그 아이에게 미안하기도 하네요. ㅎㅎ

가족 1B

5.1 누가 당신의 삶에 가장 영향을 많이 주었나요?

엄마입니다. 엄마는 나의 롤모델이기 때문에 엄마의 학창시절, 대학시절, 직장인 시절 이야기들 듣고는 "나도 엄마처럼 되고싶다"는 생각을 했었어요.

5.2 누가 당신의 삶에 가장 영향을 많이 주었나요?

나 자신이라고 대답하고 싶어요. 주변인들은 오로지 날 응원해주고 조언을 해주는데에 분명히 한계가 있지요. 결국은 내 자신 스스로가 이겨내고 배워가고 해내야 하기에 매번 쓰러지지 않고 현재 내 위치에 서 있는 날 보면 내 자신이 내 삶에 가장 영향을 많이 주었다고 말할수 있어요.

5.3 누가 당신의 삶에 가장 영향을 많이 주었나요?

친언니가 가장 영향을 많이 줬어요. 언니랑 같은 초중고를 나왔다보니 학창시절에는 선생님이나 학교 분위기, 시험스타일에 대해서 조언을 얻을 수 있었거든요. 성인이 되고 난 후에는 진로 관련해서 도움을 많이 받았어요. 집에서 이공계 전공이 저와 언니뿐이어서 먼저 사회생활을 시작한 언니로부터 취업관련 조언도 많이 받을 수 있었어요.

1B 가족

5.4 누가 당신의 삶에 가장 영향을 많이 주었나요?

교회 형이에요.

당시 중학생이었는데 학교에서도 적응을 잘 못하고 힘들었고 친구들과도 유독 먼 곳에 살아서 잘 어울려 놀지 못할때였는데 문뜩 기타가 너무 배우고 싶은거에요. 근데 엄마가 기타학원 보낼 돈이 없다고 하셔서 아쉬워 하던 참에 가족 외식을 하다가 식당 바로 옆이 아버지 친구네 교회라고 해서 잠깐 들어갔는데 아버지 친구분 아들이 기타를 치고 있어서 엄마가 우리아들 기타 좀 가르쳐주라고 하셔서 기타를 처음 배우며 교회에서 친구들도 사귀며 잘 지냈었어요.

5.5 누가 당신의 삶에 가장 영향을 많이 주었나요?

제가 살면서 가장 힘들었던 때가 있어요. 심리적으로 굉장히 불안할 때 만난게 워너원[1]이었어요. 어쩌다가 무대 영상을 봤는데 엄청 열정적인거예요. 저는 다 포기하고 있는데. 나중에 찾아보니까 아직 성인도 되지않은 멤버가 자신의 꿈을 이루고 사는 모습에 부럽기도 했고 '재도 하는데 왜 나는 못해?'라는 열등감으로 다시 일어섰어요. 아무도 도움이 되지 않았던 시기에 제게 열등감과 부러움을 심어준 워너원이 아직도 제 인생에 가장 많은 영향을 끼쳤고 지금도 영향을 끼치는 중이예요.

1. 워너원 (Wanna One) - 워너원은 2017년 8월 7일에 데뷔한 대한민국의 11인조 보이그룹이다.

가족 1B

5.6 누가 당신의 삶에 가장 영향을 많이 주었나요?

제 삶에 가장 영향을 많이 준 사람은 우리 엄마였어요. 제가 일상생활에 늘 하는 루틴적인 행동들, 사고방식, 식습관, 기타 등등 엄마를 보고 배운게 참 많아요. 어릴때부터 유학을 가서 엄마랑 같이 지낸 세월이 길지 않지만, 엄마랑 늘 연락하면서 대륙간의 서로 떨어져 있는 거리를 어떻게 해서든 좁혀보려고 노력을 많이 한거같아요.

지금와서 생각해보면 그 어린 나를 해외로 혼자 보낼때 울 엄마는 얼마나 매일매일을 걱정을 하며 살았을까 싶어요. 대학을 졸업하고 엄마가 많이 아프게 된 뒤로 엄마는 얼마 안있다 하늘나라로 먼저 갔어요. 엄마가 떠난지 어느덧 6년이라는 시간이 지났더라고요. 아직도 매일 사무치게 그리운 우리 엄마인데, 일상생활하면서, 또는 회사에서 사회생활을 하면서 부딪히는 상황에 '지금 우리 엄마라면 어떻게 했을까?'라는 생각을 하면서 문제를 해결하려고 해요. 그만큼 우리 엄마는 나한테 있어 영향력있던 사람이였으니까.

1B 가족

6.1 조부모님이 해주신 이야기중 가장 재미있었던 이야기는 무엇인가요?

나의 할머니는 부유한 집안에서 태어나, 부유한 남성이 구애를 했었지만, 할머니의 할아버지께서 현재 나의 할아버지와 결혼을 강제하셨습니다. 할아버지는 지방의 양반가문을 가진 사람이었지만 실속은 없는 사람이었습니다. 할머니는 그런 할아버지와 결혼한 뒤, 시집살이와 가부장적인 할아버지 때문에 힘든 삶을 살게 되었습니다. 현재 할머니는 내색하시지 않지만, 저는 종종 할머니께 나는 태어나지 않았어도 좋으니 할머니가 행복하게 살았으면 좋겠다고 말하곤 했습니다. 유쾌한 이야기는 아니지만 예전 한국의 여성의 역할이나 인식을 여실히 보여주는 예라고 생각합니다.

6.2 조부모님이 해주신이야기중 가장 재미있었던 이야기는 무엇인가요?

저희 친할머니가 9~10살정도 때의 일이였어요. 밭에서 일을 하고 있는데 하늘에서 폭탄이 떨어지더래요. 피잉- 풍- 콰과광!!! 할머니와 주변 사람들은 폭탄을 피해 동굴로 숨었대요. 잠시 뒤 동굴 앞쪽에도 폭탄이 떨어졌대요! 눈 앞에서 폭탄이 터진 거죠. 그런데 놀라운 것은, 시간이 지날 수록 폭탄은 익숙한 것이 되어 나중엔 폭탄이 떨어져도 그냥 밭일을 했더래요. 가장 재밌었다기보단 흥미롭고, 기억에 남는 이야기에요. 6.25①를 눈 앞에서 겪은 사람이 여기 있다니. 6.25전쟁이 그저 역사 속 이야기뿐인게 아니라는 걸 느끼게 되는 이야기였네요.

1. 6.25 - 6.25 전쟁 또는 한국 전쟁은 1950년 6월 25일 오전 4시에 조선민주주의인민공화국이 기습적으로 대한민국을 침공(남침)하여 발발한 전쟁이다.

가족 1B

6.3 조부모님이 해주신 이야기중 가장 재미있었던 이야기는 무엇인가요?

제가 어렸을 적에 할머니 댁에 가면 외할머니께서 머리카락을 정돈해주시며 하루를 마무리 했던 때가 있었어요. 할머니는 엄마의 어릴적 이야기를 해주셨는데, 아직도 저와 저희 가족은 이야기를 나눌 때면, 항상 이 주제의 이야기를 하곤 한답니다.

이야기 내용은 항상 엄마가 이모와 외삼촌에게 했던 행동으로부터 시작이 되어요. 할머니가 삼촌의 머리카락을 이발해주고 나면, 엄마는 할머니가 잠깐 다른 일을 보러 간 틈에 삼촌에게 다가가 헤어 스타일이 대칭 맞지 않는다며 엄마가 삼촌의 머리카락을 가위로 숙숙 더 자르곤 하셨다고 해요. 그 결과 계속 대칭이 안 맞는다고 하며 자르게 된 삼촌의 머리는 어느새 아주 짧아져 있었다고 한답니다. 이 이야기가 웃긴 이유는 저희 오빠도 저랑 어릴 적에 미용실 놀이를 한 적이 있었는데, 그때 오빠가 실제 가위를 사용하는 바람에 제 머리카락이 잘려나간 것과 아주 비슷해서 가장 재미있었던 이야기 랍니다!

1B 가족

6.4 조부모님이 해주신 이야기 중 가장 재미있었던 이야기는 무엇인가요?

제가 어렸을 때 손톱을 물어뜯는 습관이 있었는데요. 때나 장소를 가리지 않고 손톱을 뜯는 통에 할머니께 많이 꾸중을 들었답니다. 어느 날은 할머니랑 같이 동네에서 가장 큰 시장을 구경가던 중이었어요. 저는 어김없이 손톱을 물어뜯으며 할머니를 쫓아다니다가, 뜯겨진 손톱 조각들이 너무 많아져서 처리하기 곤란해진 거에요. 그래서 할머니 몰래 시장 바닥에 아무렇게나 휙 버렸어요. 그런데 할머니께서 저를 슬그머니 부르시더니 이렇게 말씀하셨어요. "너 방금 손톱 아무데나 버려서 쥐가 그거 주워먹고 너랑 똑같은 모습으로 오늘 밤에 찾아올거다. 그 쥐가 너 대신에 할미밥도 먹고 네 옷도 입고 할텐데 큰일났네"라고요.

어린 저는 엄마아빠가 절 못알아보고 사람으로 변신한 쥐를 키울까봐 시장 바닥에 떨어진 제 손톱을 찾으면서 엄청 울었답니다. 나중에 초등학교에 입학하고서야 전부 동화 속 이야기라는 걸 알게 되어 할머니께 화를 냈지만, 그 당시 저는 그게 진짜인 줄 알고 얼마나 무서웠는지 몰라요. 까마득한 옛날 이야기지만 지금도 할머니가 해준 이 이야기를 떠올리면 그날이 생각나서 한참 웃어요.

2A 감정에 대한 질문

2A 감정

당신을 행복하게 하는 것은 무엇인가요?

어떤것이 당신의 숙면을 방해하나요?

무엇이 당신을 비참하게 만드나요?

감정 **2A**

당신을 행복하게 하는 장소는 어디인가요?

비디오를 보세요!
이름: 하마터면 놓치고 살 뻔했다
채널: 해그린달 haegreendal

2A 감정

당신의 현재 심리 상태는 어떤가요?

어떤 방법으로 자신을 아껴주나요?

감정 2A

당신이 두려워하는 것은 뭐예요?

그러한 공포나 두려움은 흔한 것 같아요?

이 두려움을 경험했던 일에 대해 서술하세요.

2A 감정

지금은 자신의 삶에 만족하며 즐기고 있나요?

비디오를 보세요!
이름: 지금 행복하지 않은 이유 하나를 알려줄게요
채널: 해그린달 haegreendal

감정 2A

거미가 무서우세요?

바늘이 무서우세요?

치과에 가는 것이 두려우세요?

어렸을 때, 어둠이 두려웠나요?

2A 감정

시간이 더 빠르게 지내가는 것 같은 느낌이 들때는 언제예요?

시간이 더 천천히 지내가는것 같은 느낌이 들때는 언제예요?

"완벽한 행복"에 대한 당신의 의견을 이야기 해 보세요.

감정 2A

무언가 일들이 잘풀지 않고 기분이 안좋은 날에는 어떻게 기분전환을 하나요?

무엇이 당신을 안전하다고 느끼게 하나요?

앞으로 인생에서 어떤 일이 있을 것을 기대하나요?

2A 감정

당신이 기억하는 가장 당황했던 상황에 대해 설명해 보세요.

감정 　2A

가장 행복을 받았던 때를 이야기해 보세요.

비디오를 보세요!
이름: Korean 20s Boy&Girl Try To write A WILL
채널: Y

2A 감정

공연하는 것을 좋아하세요?

당신은 쉽게 질투하나요?

당신이 생각하는 가장 징그럽다고 생각하는것은 무엇인가요?

화가 나면 어떻게 해요?

감정 2A

부모가 된다는것에 대해 가장 두려운부분은 무엇인가요?

마지막에 혼자가 되는것이 두렵나요?

당신의 평생 끝까지 혼자서 살아야 한다면 행복할 수 있다고 생각하나요?

2A 감정

당신이 받은 칭찬중 최고의 칭찬은 무엇이였나요?

당신이 받은 모욕 중 가장 상처받았던 말을 무엇이였나요?

부당한 대우를 받았던 때를 이야기해 보세요.

감정 `2A`

행복은 선택이라고 생각하나요?

누군가를 사랑한다는 것은 무엇을 의미하나요?

2A 감정

어떻게 하면 평온함을 느끼나요?

긴장되서 배를 아프게 하는일은 무엇인가요?

불안할때 하는 행동이나 습관이 있나요?

감정 2A

나이가 들면 무엇이 두려운가요?

죽는 것이 두려운가요? 그렇다면 어떻게 대처하나요?

2A 감정

어떤 공포증이 있나요?

당신의 두려움을 극복하기 위해 노력한 방법중 하나는 무엇인가요?

어렸을때 겪었던 일중 현재까지도 여전히 당신을 두렵게 하는 일이 있나요?

감정 2A

혼자서 시간을 보내고 싶을때 어디에 가나요?

가장 최근에 울었던 게 언제예요?

우는 것이 나약함의 표시라고 생각하나요?

2A 감정

무엇이 당신의 부족함을 느끼게하나요?

당신이 잃어버려서 매우 슬펐던 것은 무엇입니까?

어떤 것들이 당신에게 소름끼치게 하나요?

감정 **2A**

나만의 위한 시간에 어떤것을 하는것을 좋아하나요?

당신이 아이였을때 옷장속 괴물이나 침대밑 괴물에 대해 두려워 했나요?
그 괴물은 어떻게 생겼었나요?

2A 감정

돈으로 행복을 살 수 있어요?

비디오를 보세요!
이름: 돈으로 행복을 살 수 있을까?
채널: 이십세들

2B 감정에 대한 원어민 답변예시

2B 감정

7.1 가장 행복하다는 느낌을 받았을 때를 이야기해 보세요.

저의 여동생의 탄생은 저를 행복하게 했어요. 그리고 그녀를 처음 안았을 때는 하늘을 날아다닐 것 같았어요.

7.2 가장 행복하다는 느낌을 받았을 때를 이야기해 보세요.

내가 늘 배우고 싶었던 영어를 배우고 있는 요즘이 가장 행복하다. 수많은 원어민 친구들과 얘기할 수 있는 건 정말 짜릿하고 즐겁다.

7.3 가장 행복하다는 느낌을 받았을 때를 이야기해 보세요.

저는 가끔씩 가족이나 친구를 위해 요리를 하는 걸 즐겨요. 제 요리는 늘 주변 사람들을 행복하게 하죠. 그런데 제 요리를 먹고 행복한 그들의 모습은 오히려 저를 행복하게 해요.

7.4 가장 행복하다는 느낌을 받았을 때를 이야기해 보세요.

가족들 또는 소중한 사람들과 함께 보내는 시간은 나를 행복하게 합니다. 남자친구와 프랑스에서 만났을 때, 예쁜 세느강 야경을 보았을 때, 가족들과 싱가포르를 여행했을 때를 생각하면 그때의 행복한 기억이 떠오릅니다.

감정 2B

7.5 가장 행복하다는 느낌을 받았을 때를 이야기해 보세요.

나는 하루 일과를 끝내고 집에 와서 내 방 침대에 누워 친구들과 카톡을 하거나 핸드폰으로 자유시간을 누릴 때 가장 행복하다고 느낀다. 특히 그 일과 중 내가 계획했던 일이 착착 진행되고 중간에 계획이 틀어지더라도 빠르게 대처하여 더 큰 성공을 불렀을 때, 그런 날은 유독 더 행복하다.

7.6 가장 행복하다는 느낌을 받았을 때를 이야기해 보세요.

제가 가장 행복했던 때는 친구들과 함께 처음으로 서울에 여행을 갔을 때예요. 오직 제 용돈으로만 여행을 가기에는 힘들어서 부모님의 도움을 받았지만, 부모님 없이 떠난 첫 여행은 좋은 경험이 되었어요.

7.7 가장 행복하다는 느낌을 받았을 때를 이야기해 보세요.

항상 원하던 목표를 달성했을 때가 가장 행복한 것 같아요. 남들에겐 별거 아닌 목표일 수도 있지만, 그 때 당시 나에게는 정말 중요한 일들요. 원하는 곳에 합격했다던가, 어느 정도의 성과를 냈다던가, 꾸준히 무언가를 실천했을 때 오는 성취감으로 하루하루 살아가게 됐어요. 아주 사소한 목표라도, 그것을 계획하고 실천하는 게 중요한 것 같아요.

2B 감정

7.8 가장 행복하다는 느낌을 받았을 때를 이야기해 보세요.

얼마 전, 길고 긴 방황과 고민을 끝내고 마침내 하고 싶었던 공부를 할 수 있게 되었다고 삼촌께 전화를 했다. 삼촌은 "잘 했다, 내가 하고 싶었던 걸 네가 하게 되어 정말 좋고, 네가 자랑스럽고, 돌아가신 할아버지가 아시면 좋아하실 거다."라고 말씀하셨다. 나는 부모에게 말하기에는 어려운 얘기를 종종 삼촌에게 하는데, 이번에도 깊은 위로와 이해를 받아서 너무 행복했다.

7.9 가장 행복하다는 느낌을 받았을 때를 이야기해 보세요.

제가 영감을 받는 것들을 할 때인 것 같아요. 예를 들면, 기타 연주나 그림 그리기, 블로그에 글쓰기 등등 활동이요. 직업으로 삼기에는 힘들지도 모르지만, 그런 것들이 제 삶의 이유가 되어주죠. 제가 살아있다고 느끼게 했어요. 남들이 보기에는 그다지 화려하고 멋있어보이지 않을 수도 있지만, 우리는 생각보다 많은 부분에서 행복을 느껴요. 저는 가끔 계단에 앉아 주변을 돌아보며 휴식을 취할 때 눈에 들어오는 낙엽이나 바쁘게 지나가는 사람들, 바람에 흔들리는 전단지, 그런 게 좋아요.

감정 2B

8.1 당신이 두려워하는 것은 뭐예요?

저는 아직 대학생이라 그런지, 미래가 두려운 것 같아요. 결과가 어떨지는 불확실하니까 그게 기대되면서도 겁이 나는 것 같기도 하네요.

8.2 당신이 두려워하는 것은 뭐예요?

저는 암흑 공포증이 있습니다. 어느날 제가 씻고 있는데 친구가 장난으로 불을 끈 뒤 문을 잠근 적이 있습니다. 그때 진짜 무서웠어요.

8.3 당신이 두려워하는 것은 뭐예요?

다른 사람들보다 뒤쳐진다는 생각이 들었을 때나 다른 사람에 비해 내 커리어가 떨어진다는 것이 가장 두렵다. 특히 가장 두려웠던 건 내가 목표했던 곳에 닿지 못할 수도 있다는 불안감이 들었을 때였다.

8.4 당신이 두려워하는 것은 뭐예요?

저는 실패하는 것이 두려워요. 제가 완벽해지는 것을 바라는 것은 아니지만, 실패했을 때 나만 해내지 못했다는 느낌을 느끼기가 싫어서요. 예를 들어서, 제가 해내지 못한 것을 다른 친구들은 잘 해냈을 때 우울해져요.

2B 감정

8.5 당신이 두려워하는 것은 뭐예요?

혼자가 되는 거요. 어렸을 때 친구들에게 따돌림을 당한 경험이 있어요. 왕따까지는 아니어도 은따 (은근한 따돌림)를 당했었는데 너무 힘들었어요. 그 애들은 제가 결국 트라우마를 갖게 했어요. 물론 그 애들은 걔네가 잘못한 줄도 모르겠지만요. 2년이나 지나서 좀 괜찮아졌다고 생각했는데 얼마 전에도 드라마 보다가 펑펑 울었어요.

8.6 당신이 두려워하는 것은 뭐예요?

저는 인간관계에서 두려움을 많이 느끼는 편이에요. 걔가 저번에 했던 그 말 때문에 기분이 나빴으면 어떡하지? 얘는 나를 싫어하나? 지금 내가 화를 내면 사이가 나빠지겠지? 사소한 말 하나까지도 신경쓰는 바람에 아예 말을 안 하고 싶은 적도 있어요. 친구가 "네가 그만큼 친구들을 소중히 여기기 때문에 그런 거야."라며 위로해줬던 기억이 나요.

8.7 당신이 두려워하는 것은 뭐예요?

스키타는 것을 두려워합니다. 빙질이 고르지 못해 경사로가 울퉁불퉁할 때, 얼음에 걸려 넘어질 것 같아서 스키타는 것을 좋아하지 않습니다. 또 실패하는 것과 상대방을 실망시키는 것을 두려워합니다. 남이 생각하는 나의 모습과 실제 나의 모습이 일치하지 않으면 그들이 나에게 실망하고 나를 판단할 것이 두려워 사람들에게 온전히 자신을 보여주지 않습니다.

감정 2B

8.8 당신이 두려워하는 것은 뭐예요?

아무도 나서지 않아서 어쩔 수 없이 내가 나서야만 하는 것이 두렵다. 예전에 다녔던 회사에서 교대근무제도를 개악하려고 했을 때, 동료들을 설득하기 위해 애썼지만 내 노력이 충분하지 못해서 큰 반대에 부딪혔고, 결국 그 제도에 찬성할 수 없어서 자진퇴사로 근로자대표 자리를 내려놓아야 했다. 이전에도 엄청난 용기가 필요했지만 앞으로도 그런 일에 나서게 되는 상황이 또 닥쳐올까 무섭다.

8.9 당신이 두려워하는 것은 뭐예요?

우리는 아주 어릴 때부터 진로나 꿈에 관한 질문들을 받곤 해요. 대답을 기다리는 상대를 보며 아무말이나 내뱉곤 해요. 그런 고민은 전공을 선택한 뒤에도 이어져요. 취업 전망이 밝다고 해도 확신이 서지 않아서. 그렇지만 전과를 하기에는 너무 늦은 것 같기도 하고. 다시 시작하기에는 어디서부터 시작해야 할지 막막해요. 이런 것들이 주로 제게 두려움을 느끼게 했어요. 물론, 지금도 그래요.

2B 감정

9.01 지금은 자신의 삶에 만족하며 즐기고 있나요?

저는 제 삶이 꽤 만족스러워요. 따뜻한 집과 다정한 가족들, 귀여운 강아지는 저를 행복하게 만들기에 충분해요.

9.02 지금은 자신의 삶에 만족하며 즐기고 있나요?

저의 삶을 만족하기에는 아직 이른 시기인 것 같아요. 왜냐하면 저와 같은 한국 학생들은 삶을 즐기기에는 해야할 공부가 많기 때문이에요.

9.03 지금은 자신의 삶에 만족하며 즐기고 있나요?

네! 지금은 좋은 친구들이 정말 많이 생겼어요. 반에서도 잘 어울리고 저 스스로 당당해지는 법도 배웠어요. 하지만 고등학교에 가면 제 친구들과 다 헤어져야 한다는 게 걱정돼요.

9.04 지금은 자신의 삶에 만족하며 즐기고 있나요?

아직은 제 삶에 만족하며 즐기는 단계는 아닌 것 같아요. 아직 할 일들도, 배워야 할 것들도, 겪지 못한 일들도 많아서 많이 미숙하거든요. 언젠가 정신적으로 성숙한 사람이 되면, 제 삶에 만족하며 즐길 수 있지 않을까요?

감정 2B

9.05 지금은 자신의 삶에 만족하며 즐기고 있나요?

특별히 만족하고 있지도, 불만족하지도 않아요. 만족의 기준을 다시 정하고 있는 중이라서 아직 저도 제 일상이 만족스러운지 아닌지는 모르겠어요. 하지만 최근 점점 새로운 것들에 관심을 가지면서 내가 바뀌고 있다는 생각에 즐거운 마음은 있어요.

9.06 지금은 자신의 삶에 만족하며 즐기고 있나요?

백 퍼센트 만족한다고 볼 수는 없지만, 나쁜 일도 없고 심각한 고민도 없는 이런 삶에 만족해요. 누군가는 좋은 아파트에서 좋은 차를 타고 맛있는 음식과 멋진 옷을 입는 것이 성공이고 행복이라고 말할 수도 있지만, 저는 특출나게 나쁜 일 하나 없는 이런 삶이 행복한 삶이 아닐까 생각해요.

9.07 지금은 자신의 삶에 만족하며 즐기고 있나요?

저는 지금 제 삶에 만족해요. 왜냐하면 지금 제 곁에는 저를 사랑하는 부모님과 친구들이 있고, 좋은 선생님들도 계시기 때문이에요. 그리고 저는 다양한 언어를 배우는 것을 좋아하는데, 요즘 재미있는 스페인어 수업을 듣게 되었어요. 그래서 행복해요. 사실 무엇보다도 요즘 바쁘지 않아서 행복해요.

2B 감정

9.08 지금은 자신의 삶에 만족하며 즐기고 있나요?

내가 하고싶은 일을 하려고 준비하며 보내는 시간은 정말 좋지만 순전히 나를 증명하기 위해서 보는 불필요한 시험을 준비하는 건 시간이 아깝게 느껴진다. 그렇지만 그 결과로 사람들에게 나를 증명해보일 수 있다면 투자할 가치가 충분하다고 본다.

9.09 지금은 자신의 삶에 만족하며 즐기고 있나요?

지금 나의 삶에 만족하며 살고 있고 즐기고 있다. 내 시간을 내가 잘 활용하며 유용하게 쓰고 있는데, 지금 이 시간이 난 너무 행복하다. 불과 한달 전만 해도 수능이라는 큰 목표 때문에 내 여유시간을 공부에 양보하면서 살아왔다. 그때가 가장 슬프고 다 포기하고 싶었던 순간인데 지금은 그 시기를 보내고 나의 삶을 즐기고 있으니 너무나 행복하다.

9.10 지금은 자신의 삶에 만족하며 즐기고 있나요?

산울림의 김창완 아저씨가 인생과 기분은 날씨와 같은 것이라고 했던 얘기를 좋아해요. 맑은 날이 있으면 흐린 날도 있고, 비가 오다가 갤 때도 있으니까 너무 일희일비 하지 말자고 다짐해요. 그래서 나를 계속 기분 나쁜 상태에 있게 두지 않으려고 노력해요. 그래서인지 지금은 예전보다 훨씬 제 삶에 감사하고 만족하고 있고 즐길 수 있게 된 것 같아요.

감정 2B

10.1 부당한 대우를 받았던 때를 이야기해 보세요.

아이엄마가 되고 엄마이기때문에 아이문제로 부당한 대우를 당하는경우가 있어요. 아이와 차한잔을 마셔도 아이와 가게에 들어가는순간부터 모두 경계의 눈빛을합니다.

10.2 부당한 대우를 받았던 때를 이야기해 보세요.

20대 초반에 알바를 하면 아직 어리기 때문에 부당한 대우를 받을 때도 많고 그 당시에는 적절한 대처를 하기 어려울 때가 많았다.

10.3 부당한 대우를 받았던 때를 이야기해 보세요.

대기업 임원이셨던 교수님과 면담을 할 때 들었던 말입니다. 면접장에 남성 지원자와 여성 지원자가 있다면 스펙이 달리더라도 무조건 남성 지원자를 뽑겠다고 하셨습니다. 그 이유는 여성의 결혼과 임신, 육아휴직으로 인한 재원낭비였습니다. 저는 결혼과 임신 계획이 없으면 어떻게 하냐 물었습니다. 교수님은 그래도 결혼은 하고 출산은 해야한다 말했습니다. 너무 말이 안 되는 대답이었지만 따지고 들기에는 학생과 교수라는 지위가 두려워 그냥 듣는 척 하였습니다. 합당한 이유없이 여성이라서 취업에서 불이익을 받는 경우는 아직도 한국에 많습니다. 세상이 성평등해졌다고 여성의 지위가 더 우월하다고 믿는 사람이 없어졌으면 좋겠습니다.

2B 감정

10.4 부당한 대우를 받았던 때를 이야기해 보세요.

13살때(만 나이로) 선생님들이 한 친구만 편애하셨어요. 한 선생님은 제가 만든 작품으로 저를 조롱하기도 했어요. 그 당시 부당함을 따지기에 저는 너무 어리고 소극적이었어요. 부당한 대우를 받고도 맞서지 못한 것이 지금은 조금 후회돼요.

10.5 부당한 대우를 받았던 때를 이야기해 보세요.

성숙하지 못한 어른은 어린이를 무시하는 경향이 있습니다. 저도 그런 기억이 있어요. 어려보이는 고객이 들어오자 불편하고 건들거리는 기색으로 응대했어요. 저에게는 여러모로 속상한 기억이라, 저는 절대로 그렇게 행동하지 말아야지 결심하게 됐어요.

10.6 부당한 대우를 받았던 때를 이야기해 보세요.

아직은 큰 건 없지만, 사람이 잘 하는 것에 따라서 보는 이득이 차이난다는 건 조금 불공평도 하다고 생각해요. 전 영어를 잘 하는데, 영어보단 수학을 잘 하는게 돈 벌이에 도움이 되더라고요. 하지만 사회에서 더 필요로 하는 능력이 수학이라면 그런 불공평함에 화내는 건 의미가 없다고 생각해요.

감정 2B

10.7 부당한 대우를 받았던 때를 이야기해 보세요.

다른 지역에 여행가서 택시를 탔을 때, 택시 기사가 제게 바가지를 씌운 적이 있어요. 지도로 봤을 때는 그렇게 요금이 많이 나올 만한 거리가 아니었는데 생각보다 멀었나보다, 이 지역 택시가 좀 비싼가보다 생각했는데... 나중에 친구한테 물어보니까 원래 금액의 두 배 가까이를 냈더라고요. 진짜 짜증났는데 꽤 지난 일이라 아무것도 할 수 없었어서 너무 슬펐어요.

10.8 부당한 대우를 받았던 때를 이야기해 보세요.

제가 어려서 필리핀에 갔을 적에, 동물원에 방문한 적이 있습니다. 저는 뱀을 좋아하는데 사육사가 제가 여자아이라는 이유로 뱀을 만질 기회를 주지 않더군요. 기회는 다른 남자아이에게 돌아갔고 그 아이는 뱀을 만진 후 뱀 인형을 얻었습니다. 저는 그 뱀을 만지고 싶었고, 인형도 가지고 싶었지만 제가 여자아이였다는 이유로 기회를 갖지 못하였다는 것이 매우 부당하다고 느꼈습니다.

2B 감정

11.1 행복은 선택이라고 생각하나요?

네. 자신이 행복하고 말고는 마음가짐에 달렸다고 생각합니다. 다만 자신이 행복한지를 깨닫는 과정이 환경에 따라 어떤 때는 더 어렵고, 어떤 때는 더 쉬울 수도 있는 것이지요.

11.2 행복은 선택이라고 생각하나요?

모든 건 자신이 결정하는 거예요. 나의 행복도 다른 사람이 주지 않고 스스로가 만들어내는 거예요. 행복을 따르는 게 불행한 일상을 보내지 않게 하는 바람직한 길이라고 생각해요!

11.3 행복은 선택이라고 생각하나요?

필연이나 운명일 수 있지만 대부분은 선택이라고 생각해요. 나를 행복하게 만드는 음식을 '선택'해서 먹거나 나를 행복하게 만드는 영화, 사람을 '선택'해서 보거나 만날 수 있으니까요.

11.4 행복은 선택이라고 생각하나요?

제가 생각하기에 행복은 선택이 아니에요. 행복 뿐 아니라 모든 감정은 상황에 맞게 우리에게 주어지는 것이에요.
우리는 단지 그것들을 상황과 필요에 맞게 받아들이고 흘려 보내는 법을 익혀야 해요.

감정 2B

11.5 행복은 선택이라고 생각하나요?

행복은 고를 수 있기도 하지만 고를 수 없기도 하다. 내가 막연히 행복하다고 생각만 하는 건 노력을 통해 가능할 수 있겠지만 정말 그렇게 느끼지 않으면 몸이 행복하지 않다는 신호를 보내기 때문에 이 질문에는 명확한 답변을 드리기가 어렵다..

11.6 행복은 선택이라고 생각하나요?

네. 행복은 선택하는 것이라고 생각해요. 저는 안 좋은 상황에서 불편한 마음이 들 때 좋은 생각을 함으로써 제 마음을 행복한 마음으로 바꿀 수 있어요. 다만 제가 좋은 부모님, 친구, 선생님들을 만난 것은 전부 운이에요. 그래서 행복은 선택하는 것이지만 각자 선택하지 못하는 선택지도 있는 것 같아요.

11.7 행복은 선택이라고 생각하나요?

대한민국 헌법에는 '모든 사람은 행복을 추구할 권리가 있다.'라고 쓰여있어요. 여기서, 행복을 추구할 권리라는 단어는 행복을 선택할 수 있다라는 것을 의미해요. 즉, 행복은 선택이라는 것이에요. 저도 비슷하게 생각해요. 세상은 행복을 원하는 사람으로 가득 차 있겠지만 그렇지 않은 사람도 있을 수 있잖아요?

2B 감정

11.8 행복은 선택이라고 생각하나요?

잘 모르겠어요. 기회가 충분히 있는 사람이라면 행복은 선택이겠죠. 하지만 주변 환경이 결코 행복할 수 없다면, 아무리 행복하려 해도 어떻게 그럴 수 있겠어요. 저희는 성인군자가 아니잖아요.

최근 익명 앱에서 죽고 싶어하는 사람들을 설득시킨 적 있어요. 대부분의 그런 사람들에게 행복은 선택할 수 있는 게 아니었어요. 행복이 선택이라고 단언하는 사람은 자신이 경험해보지 못한 것을 이해하지 못 하는 거라고 생각해요.

11.9 행복은 선택이라고 생각하나요?

행복은 선택이라고 생각합니다. 그것도 아주 간단한 선택이라고 생각해요. 우리가 선택해야 할 것은 '행복한 삶을 살 것인가, 행복한 삶을 살지 않을 것인가.' 둘 중에 하나라고 생각합니다. 이렇게 보면 "엄청 쉬운 문제 아니야? 어느 누가 행복한 삶을 살고 싶지 않겠어?"라고 말할 지도 모르죠. 제가 말하고 싶은 건 긍정적인 태도와 부정적인 태도입니다. 아주 사소한 것도 무작정 싫어하는 마음가짐을 가진 사람들은 행복이 와도 그걸 제대로 받아들이지 못하는 사람이 많더라고요. 그 반대로 긍정적인 사람들은 뭐든 잘 수용하는 마음가짐을 가져서 불행조차 행복으로 승화해버리는 경우들 자주 봤습니다.

3A 소망에 대한 질문

3A 소망

당신은 무슨 일에 열정을 느끼나요?

어떤 솜씨나 재능을 가지고 싶나요?

어떤 악기를 연주해 보고 싶나요?

어떤 언어를 배우고 싶나요?

소망 **3A**

어렸을때 커서 어떤 사람이 되고 싶었어요?

당신이 가장 살고 싶은 곳은 어디인가요?

당신의 드림카는 무엇인가요?(당신이 가장 가지고 싶은 자동차는 뭐예요?)

3A 소망

어떤 결혼식을 꿈꾸나요?

아이를 가진다면 몇명을 키우고 싶나요? 아들과 딸중에 어느쪽을 원하나요?

당신이 미혼이라면 어떤 히어로와 사귀고 싶나요?

소망 　3A

부자가 되고 싶나요, 아니면 유명해지고 싶나요?

유니콘과 용 중 어느 쪽을 소유할 것 같으세요?

뱀파이어가 되고 싶나요, 아니면 늑대인간이 되고 싶나요?

해적이 되고 싶나요, 아니면 닌자가 되고 싶나요?

3A 소망

별똥별에 소원을 빌어 본 적이 있어요?

소원이 이루어진 적이 있어요?

미래에 달라졌으면 하는것이 있나요? 있다면 어떤 것인 가요?

죽기 전에 꼭 하고 싶은 한가지 일이 있다면 무엇 인가요?

소망 3A

가지고 싶은 초능력에 대해 적어보세요.

비디오를 보세요!
이름: 현생도피 가능, 갖고 싶은 초능력 밸런스 게임
채널: 이십세들

3A 소망

당신의 성격중에 바꾸고 싶은 부분이 무엇인가요? 그리고 그 이유는 무엇인가요?

당신의 외모중에 바꾸고 싶은 부분이 있나요?
있다면 어떤곳을 바꾸고 싶나요? 그리고 그 이유는 무엇인가요?

소망 **3A**

블로그나 브이로그는 시작한다면
어떤 컨텐트로 만들어 보고 싶나요?

어떤 동아리에 가입하고 싶으세요?

당신이 바라는 일을 이루기 위해 어떤 기회를 잡고 싶으셨나요?

3A 소망

시간여행을 할 수 있다면, 어떤 시대로 여행해보고 싶나요?
어떤 이유로 그 시간대에 가고 싶은지 설명 해 줄수 있나요?

시간을 멈출수 있다면 하고싶은 일은 무엇인가요?

은퇴하면 뭘 해 보고 싶어요?

소망 3A

세계 어느 곳에서 새해를 맞을 수 있다면 어디를 선택할 것 같아요?

비디오를 보세요!
이름: 2018 NEW YEAR FIREWORKS - TBILISI, GEORGIA
채널: 잼쏭부부 jemissong

3A 소망

자선단체에 기부할 1,000달러가 있다면
어떤 자선단체(들)에 기부하시겠어요?

복권에 당첨되고 싶은가요,
아니면 돈을 벌고 싶은가요?

만약에 10억이 생긴다면 무슨일을 하고 싶어요?

소망 3A

실패했거나 포기했다고 느끼는 목표가 있나요? 그렇다면 그렇게 생각하는 이유가 무엇인가요?

목표와 꿈에 차이가 있다고 생각하나요? 그렇다면 그 차이점은 무엇인가요?

내년 목표는 뭐예요?

3A 소망

당신을 꿈꾸는 침실을 적어보세요.

나만의 집을 디자인하고 짓고 싶은가요, 아니면 이미 만들어진 집을 사고 싶은가요?

소망 3A

당신이 생각하는 꿈의 휴가는 무엇인가요?

비디오를 보세요!

이름: Travel around the world for 1 year!!!
채널: 잼쑹부부 jemissong

3A 소망

생일 초를 끌 때 어떤 소원을 빌어요?

소원을 빌면 미래에 영향을 미친다고 생각하세요?

세상에서 당신이 바꾸고 싶은 것이 있다면 무엇인가요?

소망 　3A

만약 당신이 영원히 살 수 있다면
영원히 살고 싶나요?

다른사람과 나의 삶을 비교 해 본적이 있나요?
있다면 누구의 삶과 비교를 했었나요?

미래의 나에게 편지를 적어보세요.

3A 소망

당신은 키가 큰편인가요? 작은 편인가요? 당신의 키가 달라지도록 바래 본적이 있나요?

당신이 부자라면 옷을 직접 고르시겠어요, 아니면 개인 쇼퍼를 고용하여 옷을 사도록 하겠어요?

만들고 싶은 발명품에 대해 얘기해 보세요. 그것은 어떻게 작동하며 어떤 물질로 만들어 지나요? 그리고 어떻게 사람들의 삶의 질을 향상 시키나요?

소망 3A

시작해 보고 싶은 사업을 설명해 보세요.

당신의 완벽한 날을 위해 1시간 간격으로 스케쥴을 짜보세요.

3B 소망에 대한 원어민 답변예시

소망 3B

12.1 시간여행을 할 수 있다면, 어떤 시대로 여행해보고 싶나요?

① 고려시대로 가볼 것 같습니다. 기록이 많은 조선에 비해 기록이 상대적으로 적어 두 눈으로 고려의 문화를 보고 싶습니다.

12.2 시간여행을 할 수 있다면, 어떤 시대로 여행해보고 싶나요?

미래로 가고 싶다. 미래로 가서 세상이 어떻게 바뀌는지 보고 싶다. 기술이 발전해서 더 좋은 날이 기다릴지, 빈부격차가 심해지고 환경이 오염돼서 더 안 좋은 날이 기다릴지 궁금하다.

12.3 시간여행을 할 수 있다면, 어떤 시대로 여행해보고 싶나요?

음.. 듣고 싶은 질문의 답이 아닐 수도 있지만, 전 시간여행을 할 수 있어도 딱히 가보고 싶은 시대는 없는 것 같습니다. 그 까닭은 그 시대만의 특징, 예를 들면 그 시대에만 있는 단어라던가 법, 사람들의 생활 습관(의식주)은 각각 다르기 때문에 지금 가지고 있는 사고 방식과 습관으로 과거에 있었던 시대에 간다면, 극단적으로 생각하면 죽거나 전쟁 등 무슨 일이 벌어질 게 눈에 훤하기 때문에 지금 시대에 만족하며 살고 싶기 때문입니다. 또, 만약 미래 시대에 간다면 지금 쓰는 핸드폰과 컴퓨터 같은 전자기기가 없어지고 편하게 사용할 수 있는 기기가 발달해 사용하는 등의 혼란스러움은 마찬가지이므로 가기가 꺼려져 시간여행을 가고 싶지 않습니다. (살짝 더해 말해보자면, 미래 시대에 가서 소중한 사람의 죽음을 보고 싶지 않기 때문입니다.

찡긋->(^w<)~☆)

---

1. 고려시대 - 고려는 918년 왕건이 즉위한 이후, 1392년 이성계에 의해 멸망하기까지 한반도에 존재하던 왕조국가이다.

3B 소망

12.4 시간여행을 할 수 있다면, 어떤 시대로 여행해보고 싶나요?

시간여행이 가능하다면, 가장 먼 미래로 가고 싶어요. 사실 저는 해답을 알고 싶은 궁금증이 많아요. 우리의 뇌, 심해, 우주, 외계인 등 지금의 과학기술로는 완벽하게 설명하지 못하는 것들이 있잖아요. 그렇기 때문에, 가장 먼 인류의 미래로 가서, 그 궁금증들이 얼마나 해결되었는지 알고 싶어요. 미래의 인류는 우주나 심해에 대해 조금 더 많은 진실을 알고 있지 않을까요?

12.5 시간여행을 할 수 있다면, 어떤 시대로 여행해보고 싶나요?

시간 여행을 할 수 있다면, 고려시대로 여행하고 싶습니다. 한국인들은 고구려인을 흔히 용맹하다고 표현하는데 고려는 그런 고구려의 기상을 잘 물려받은 나라라고 생각합니다. 또한 흔히 우리는 한복 하면 조선시대 한복을 떠올리기 마련인데 고려시대의 한복을 직접 보고 어떤 면이 다른지 확인해 보고 싶습니다. 다른 것보다도 조상들의 삶을 경험하고 우리나라가 오랜 역사 속에서 얼마나 훌륭한 풍습을 가지고 있는지 깨달을 수 있는 값진 시간이라고 생각합니다.

1. 고구려 - 고구려는 한국의 고대 왕조 중 하나이다. 본래의 국호는 고구려였으나 당시의 금석문과 역사 기록을 토대로 장수왕대에 고려로 개칭한 것으로 추정하고 있다.
2. 한복은 한민족의 전통의상을 말한다.

소망 3B

12.6 시간여행을 할 수 있다면, 어떤 시대로 여행해보고 싶나요?

피라미드 건설현장, 알렉산드리아 도서관, 콜로세움의 해양전이 보고 싶네요. 그거말고는 지금 당장 생각나는게 없어요.

12.7 시간여행을 할 수 있다면, 어떤 시대로 여행해보고 싶나요?

저는 ①삼국시대로 가고 싶어요. 백제 고구려 신라가 있는데 각 나라마다 매우 특징이 뚜렷해요. 삼국의 나라를 고루 방문해서 음식을 먹어보고 전통의복을 입어보고 싶어요. 운이 좋으면 왕국에서 손님으로 융숭한 대접을 받아 볼 수 있을 지도 몰라요. 특히 그 시대에 특별히 보고 싶은 위인들이 계세요. 고구려에서는 용맹스러운 ②광개토 대왕님을 꼭 뵙고 싶어요. 신라에서는 ③김춘추와 ④김유신 장군, 그리고 ⑤선덕여왕을 뵙고 싶어요. ⑥석굴암을 만들던 모습도 보고 싶어요. 백제에서는 ⑦삼천궁녀를 거느렸다던 ⑧의자왕을 보고 싶어요. 특히 백제의 귀금속은 매우 아름답고 정교하다고 소문 나 있어서 기념품으로 가지고 싶어요.

1. 삼국시대 - 삼국 시대는 기원전 1세기부터 7세기까지 고구려, 백제, 신라 삼국이 만주와 한반도 일대에서 중앙집권적 국가로 발전한 시기를 일컫는다.
2. 광개토대왕(374년 ~ 412년 음력 10월)은 고구려의 제19대 국왕(재위 : 391년 ~ 412년 음력 10월)이다. 현대의 대한민국에서는 그의 업적을 높이 평가하여 광개토대왕이라 부르기도 한다.
3. 김춘추 - 태종무열왕(602년 ~ 661년 음력 6월)은 신라의 제29대 임금이다. 성은 김이고, 휘는 춘추이다.
4. 김유신(595년 ~ 673년 8월 18일)은 신라의 화랑의 우두머리였으며 신라가 백제와 고구려를 통일하고 당나라군을 격퇴시켜 삼국 통일을 이루는 데에 중추적인 역할을 한 신라의 장군이며, 정치가이다.
5. 선덕여왕(재위: 632년 ~ 647년)은 신라의 제27대 왕이며 한국사 최초의 여왕이다.
6. 석굴암은 대한민국 경상북도 경주시의 토함산 중턱(진현동 891)에 있는 석굴로서 국보 24호로 지정되어 있다.
7. 옛 중국 쪽 문헌을 보면 많은 궁녀는 무조건 '삼천궁녀'입니다. 부여 낙화암에서 궁녀 3천 명이 일시에 뛰어내리면, 나중에는 쿠션이 생겨 죽지도 못 했을 겁니다. 그러니까 삼천궁녀는 대단히 많은 숫자의 궁녀란 뜻일 뿐입니다.
8. 의자왕(599년 ~ 660년, 재위 : 641년 ~ 660년)은 백제의 제 31대, 마지막 국왕이다.

3B 소망

13.1 가지고 싶은 초능력에 대해 적어보세요.

나는 순간이동을 가지고 싶어. 남들은 용도가 세계여행이라고 생각하겠지만, 나는 아니야. 대학교까지 통학하는 게 너무 귀찮아... 한 시간도 안 걸리지만 한국 지하철은 너무 힘들어. 그래서 나는 순간이동을 가지고 학교까지 일 분 내로 가고 싶어.

13.2 가지고 싶은 초능력에 대해 적어보세요.

시간을 조종하는 능력을 갖고 싶어요. 내가 원할 때 시간을 과거로 다시 돌리거나 미래로 돌리거나 하는 거죠. 일하다가 실수를 하면 과거로 시간을 돌려서 실수를 고치고, 공부할 시간이 부족하면 계속 과거로 시간을 돌려서 공부하고 싶었던 범위를 다 끝내는 거예요.

13.3 가지고 싶은 초능력에 대해 적어보세요.

나는 순간이동 초능력이 있으연 좋을 것 같다. 이동에 소오되는 시간들이 너무 아깝기 때문이다. 비행기를 타도 항공권을 구매하고 짐을 싸고 공항으로 이동하여 체크인을 하고 비행기를 타는데까지 걸리는 그 시간들도 너무 큰 기다림이기 때문이다. 나는 기다림을 잘 못하는 사람이라서 그렇다.

소망 3B

13.4 가지고 싶은 초능력에 대해 적어보세요.

돈이 샘솟는 마법의 주머니가 있었으면 좋겠다. 그런 게 있으면 정말 하고 싶은 거 다 하면서 살 수 있을 것 같다.

13.5 가지고 싶은 초능력에 대해 적어보세요.

저는 물체의 시간을 되돌리는 능력이 있으면 좋겠습니다. 망가지거나 색이 바랜 물건을 이전의, 내가 기억하는 상태로 되돌리는 그런 능력말이죠. 그런 능력만 있다면 시간이 흐르는 것도 두렵지 않을거 같아요.

13.6 가지고 싶은 초능력에 대해 적어보세요.

잠을 자지 않아도 되는 초능력과 그게 무엇이든지 한 번 보면 다 외워버리는 초능력, 집중이 24시간 되는 초능력, 제 분신을 여럿 만들 수 있는 초능력 입니다. 왜냐하면 요즘 학생들 거의 모두 그럴 테지만 학업으로 스트레스를 받기 때문에 분신을 만들어 24시간 동안 분신 하나는 수학공부, 하나는 국어공부, 이렇게 과목마다 공부하는 분신들을 하나씩 만들어 공부하고, 하나는 놀게 만들면 시험 올백 쌉가능,,이고, 학업 스트레스도 별로 받지 않게 되기 때문입니다.

3B 소망

13.7 가지고 싶은 초능력에 대해 적어보세요.

제가 가지고 싶은 초능력은 회복입니다.
저 자신과 주변 사람들을 대상으로 모두 쓸 수 있었으면 좋겠네요.
평소에도 안전과 건강에 관심이 많아서 회복 능력이 가장 얻고 싶은 능력입니다. 유난히 제 주변에서 사건사고가 많이 일어나는 것 같기도 하고요. 지하철 화장실에 누가 쓰러져 있거나 공연에서 앞의 사람이 기절하는 등 119에 전화할 일이 많아서 안전에 더 관심이 가는 것 같습니다. 그렇지만 그럴 수 없으니 평소에 건강검진을 자주 받고, 응급처치 자격증을 준비해야겠네요.

13.8 가지고 싶은 초능력에 대해 적어보세요.

저는 시간을 멈추는 능력을 가지고 싶어요. 시간을 멈춘다는 건 정말 매력적이지 않나요? 나만이 있는 세계를 경험할 수 있는 거잖아요. 그리고 시간 관리가 정말 중요한 현대 사회에서 얼마든지 여유 시간을 만들 수 있는 능력은 정말 사기적인 것 같아요 ㅋㅋㅋ (사기적이다 =cheat는처럼 너무 좋다) 피곤할 때 시간을 멈추고 잠을 잔다거나, 위험한 일이 있을 때는 시간을 멈춰서 위험 상황에서 빠져나온다거나 하는 게 가능할 테니까요. 어떤 능력보다도 더 탐나네요. 다만 시간을 멈춘 동안 내 신체 시간이 흐르지 않는다는 조건이 있으면 더 좋겠네요~! 빨리 늙는 건 최악이에요.

소망 3B

14.01 만약에 10억이 생긴다면 무슨일을 하고 싶어요?

칠 억은 저축하고 나머지 삼 억 중 일 억은 부모님께 드리고 일 억은 기부하고 일 억으로는 맛있는 거 사먹고 싶습니다.

14.02 만약에 10억이 생긴다면 무슨일을 하고 싶어요?

프랑스로 유학을 가고 싶습니다. 현재 제 꿈이거든요. 유학을 가서 다양한 언어를 익히고 다양한 사람들을 만나고 싶습니다.

14.03 만약에 10억이 생긴다면 무슨일을 하고 싶어요?

10억이 갑자기 생기더라도 평상시대로 살 것 같습니다. 생활은 전과 같겠지만 비빌 언덕이 생겼으니 무슨 문제가 생기더라도 너무 초조해하지 않고 대처할 수 있게 될 것 같네요.

14.04 만약에 10억이 생긴다면 무슨일을 하고 싶어요?

일단 집을 사고 싶다. 요즘 집값이 비싸서 집을 장만하기가 어려우니 집부터 먼저 사고, 남는 돈이 있으면 부모님께 용돈도 조금 드리고 싶다. 그런데 사실 10억으로 서울에 괜찮은 아파트를 사면 남는 돈이 없을 것 같긴 하다.

3B 소망

14.05 만약에 10억이 생긴다면 무슨일을 하고 싶어요?

10억이 생긴다면 세계여행을 해보고 싶어요. 지금까지 가보고 싶었지만 시간적, 경제적 이유로 가지 못했던 다양한 나라들로 여행을 갈 거예요. 여러 도시에 머물면서 마치 그 곳에서 사는 사람인 것처럼 그 도시만의 특색들도 즐겨보고 싶어요.

14.06 만약에 10억이 생긴다면 무슨일을 하고 싶어요?

집을 사고 유학을 가고 싶어요. 그리고 기부를 하고 싶어요. 저는 의사가 되고 싶어 지금 공부하는 학생입니다. 10억이 있다면 미뤄왔던 꿈을 이루기 위해 제 미래에 투자 할 것 같습니다. 그리고 어려운 사람들을 위해 제게 온 행운을 나누어 드리고 싶어요.

14.07 만약에 10억이 생긴다면 무슨일을 하고 싶어요?

저는 일단 제일 먼저 엄마 카페 차려드리고, 제과 제빵 학원을 끊어 일을 도와드리고 싶습니다. 그리고 보고 싶은 책을 마구마구 다 사서 보면서 공부하고, 가족끼리 해외여행도 가서 추억도 많이 쌓고 싶습니다. 그 다음에는 저만의 집을 지어 자취도 하고 싶습니다.

소망 3B

14.08 만약에 10억이 생긴다면 무슨일을 하고 싶어요?

만약 내게 10억이 생긴다면 나는 자동차 매장으로 달려갈 것이다. 어디 매장이냐고? 당연히 포르쉐다. 포르쉐는 내가 자동차에 관심을 가졌던 어린아이때부터 나의 드림카였다. 개구리처럼 생긴 귀여운 외모와 대조적인 말도 안되는 드라이빙 성능은 나의 마음을 흔들어놓았기 때문이다.

14.09 만약에 10억이 생긴다면 무슨일을 하고 싶어요?

전 우선 7억 정도는 저금을 할 거예요. 왜냐하면 갑자기 생긴 10억이라는 큰 돈을 한 번에 쓰는 건 무서우니까요! 그리고 남은 3억으로는 투자를 하거나 코인을 사거나... 그러고도 남은 돈으로는 평소 소소하게 하고 싶었던 것들을 돈 걱정 없이 마음껏 해보고 싶어요. 특히 맛있는 거 먹기...!!

14.10 만약에 10억이 생긴다면 무슨일을 하고 싶어요?

10억이 생긴다면 먼저 천만 원 정도는 날린다고 생각하고 주식으로 투자를 할 거야. 엄마랑 아빠한테 1억씩 주고 싶어. 그리고 내가 좋아하는 아이돌 앨범도 살 거야. 마음 같아서는 집을 사고 싶지만, 집값이 많이 올라서 서울에 집은 못 살 것 같아. ㅠㅠ 그러니까 투자로 돈을 늘리는 게 목표야. 그리고 소소하게 친구들한테 선물도 해 줄래!

3B 소망

15.1 시간을 멈출수 있다면 하고싶은 일은 무엇인가요?

은행 털기... (CCTV도 없다면)

ㅋㅋㅋㅋ

15.2 시간을 멈출수 있다면 하고싶은 일은 무엇인가요?

시간을 멈춰서 4학년 진도까지 다 공부 해놓고 나머지 수업들을 다 A+학점 맞고 싶습니다.

15.3 시간을 멈출수 있다면 하고싶은 일은 무엇인가요?

말을 할 때마다 시간을 멈추고 생각해볼거 같습니다. 이렇게 하면 말실수를 안 할거 같거든요.

15.4 시간을 멈출수 있다면 하고싶은 일은 무엇인가요?

시간을 멈출 수 있다연, 북한에 가보고 싶어요. 텔레비전이나 신문으로만 보던 북한의 모습들을 여과없이 볼 수 있을겁니다. 안전하게요.

소망 3B

15.5 시간을 멈출수 있다면 하고싶은 일은 무엇인가요?

만약 시간을 멈출 수 있다면 원하는 만큼 편히 한번 쉬어보고 싶네요. 진정한 휴식은 죄책감 없는 휴식이 아닐까요? 나는 시간을 낭비하고 있는데 다른 사람은 그만큼 앞서가고 있다는 부담감을 느끼지 않아도 되기 때문이죠.

15.6 시간을 멈출수 있다면 하고싶은 일은 무엇인가요?

일하기 싫은 날, 출근하기 전에 시간을 멈출 거예요. 그리고 몇시간이든 며칠이든 자유시간을 혼자 즐기는 거죠. 놀만큼 놀고 쉴만큼 쉬었다고 생각이 들 때, 다시 시간을 움직이게 해서 출근할래요. 그럼 일하는 것도 좀 편하지 않을까 싶어요.

15.7 시간을 멈출수 있다면 하고싶은 일은 무엇인가요?

앗, 이건 아까 능력 질문에 대답했으니까 간략하게 적을게요! 시험을 볼 때 살짝 컨닝(Konglish, it's cheating)을 할 수도 있겠고요, 나만의 시간을 가지거나 위험을 회피할 수도 있겠네요. 소중한 순간을 좀 더 만끽하고 싶을 때는 잠깐 시간을 멈춰놓고 감상에 빠진다거나 하기도 하고요~ 여러모로 매력적인 능력입니다!!

3B 소망

15.8 시간을 멈출수 있다면 하고싶은 일은 무엇인가요?

시간을 멈출 수 있다면 나는 기억에 담고 싶은 순간 때에 멈출래. 기억에 담고 싶은 순간으로 예를 들면 콘서트의 여운이나… 이런 거 있잖아. 거기에서 천천히 주변을 둘러보면서 기억에 오래오래 담고 싶어. 아니면 유명한 관광지에 가서 나 혼자 천천히 둘러보는 것도 좋을 것 같아! 정말 정말 안 좋은 용도로 쓴다면 시험 볼 때 시간을 멈추고 책을 보고 싶어… 시험이라서 그런가 봐 ㅠㅠ

15.9 시간을 멈출수 있다면 하고싶은 일은 무엇인가요?

시간을 멈출 수 있다면 평소에는 가보지 못할 장소들에 가보고 싶습니다. 지금 당장 생각나는 곳은 북한이네요. 제 부모님은 예전에 금강산과 백두산을 다녀오신 적이 있지만, 지금은 아예 북한에 갈 수 있는 방법이 전혀 없습니다. 부모님의 이야기를 들으며 저도 금강산과 백두산을 가보고 싶었는데 아쉽네요. 북한에 시간을 멈춰서 가보기 전에 탈북민들의 편지들을 가져가고 싶어요. 그리고 탈북민들의 가족들이 무사히 있는지 확인하고 올 것입니다. 만약 좋아하는 밴드가 내한을 했는데 티켓을 구하지 못한다면 아마 그때 이 능력이 조금 사용하고 싶어질지도 모르겠습니다.

소망 3B

16.01 미래의 나에게 편지를 적어보세요.

돈 아껴쓰고, 부모님께 효도해라. 소중한 친구들한테도 잘해주고, 나 자신도 잘 챙기면서 살기를 바라!

16.02 미래의 나에게 편지를 적어보세요.

안녕, 나야. 미래에서는 건강을 잘 챙겨서 아프지 않고 행복하길 바라!

16.03 미래의 나에게 편지를 적어보세요.

안녕 미래의 아인아, 나는 과거의 너야. 미래에는 네가 조금 더 괜찮은 사람이 되어있길 바라. 다이어트는 성공했니? 아니면 성적은 좋게 나왔니? 만약 지금 이루어진 것이 없다고 해도 괜찮아. 이 힘든 세상에서 지금까지 노력해왔고, 작지만 이루어낸 것들도 있을 거니까. 새로운 친구들은 사귀었니? 그 친구들과도 잘 지내길 바랄게. 혹시 마음이 조금 멀어진 예전의 단짝친구와는 화해를 했니? 지금의 나는 너무 겁쟁이라서 그 친구에게 말을 걸지 않았어. 혹시 이 편지를 받는 순간에도 그 친구와의 관계가 개선되지 않았으면 지금 당장 전화를 걸어서 그 친구와 통화를 해보길 바랄게. 그 친구는 아주 소중한 친구니까. 그리고 네 자신도 소중해. 앞으로 네 미래에 어떤 일이 일어날 지 모르지만, 누구에게 무슨 말을 듣든 너무 심하게 자책하지 않았으면 좋겠어. - 2022년의 아인이가

3B 소망

16.04 미래의 나에게 편지를 적어보세요.

안녕? 나는 2021년의 너야. 네가 꿈꾸던 삶을 살아가고 있니? 지금의 나는 고3①이야. 한창 수능 공부에 시달릴 때지. 몇 달 남지 않은 수능 때문에 정말 괴롭고 또 고민도 많아. 하지만 모두 다 이겨내고 좋은 결과를 얻을 미래를 생각하면 또 힘이 나는 것 같아. 너도 네 나름대로 고민이 많을 거야. 그럴 때마다 희망을 잃지 않기를 바라. 우린 할 수 있어!

16.05 미래의 나에게 편지를 적어보세요.

안녕 나야... 이 편지를 읽을 수는 없겠지만 한 번 적어 보아. 나는 네가 무엇을 하고 있는 지가 궁금해. 지금의 나는 정해진게 아무것도 없거든! 갈피를 잡지 못한 채 갈팡질팡, 여러 바람에 이리저리 휘둘리고만 있어. 우직한 나무 같은 사람이 되고 싶은데 힘드네. 나는 내가 좀 더 확고한 사람이 되었으면 좋겠어. 내가 원하는 것도, 바라는 것도 없이 어영부영 시간만 흘려보내고 있잖아. 어디서 봤는데, 시간을 알차게 쓰는 사람은 시간을 채우는거, 쌓는 거고, 시간을 낭비하는 사람은 시간을 흘리는 거래. 나도 시간을 쌓고 싶다. 차곡차곡. 멋있는 사람이 되고싶어. 반짝 반짝 빛나는 사람. 사람은 자신이 하고 싶은 일을 할 때 빛난다는데, 나도 그럴 수 있을까. 부디 너는 바라는 걸 찾았으면 좋겠다. 응원할게.

① 고3 - 고3은 고등학교 3학년 학생을 줄여부르는 말 이며, 대학교, 대학원을 제외한 학창시절의 마지막 재학 시기이다.

소망 3B

16.06 미래의 나에게 편지를 적어보세요.

안녕. 잘 지내니?

바다 앞에 사는 게 꿈이었는데 바다가 보이는 곳에서 살고 있으려나?

음.. 미래에 내가 어떻게 살고 있을지는 모르겠지만 주변 사람 모두 건강했으면 좋겠고, 누구 하나 빠지지 않고 다 행복했으면 좋겠네. 물론 너도. 그러려면 내가 열심히 살아야겠네. 너가 건강하고 잘 살 수 있게 내가 그렇게 만들어 줄게.

행복하게 살자 우리 ♡

그럼 이만 쓸게. 잘 지내고 곧 내가 갈게. 그때 웃으면서 보자!! 안녕.

16.07 미래의 나에게 편지를 적어보세요.

안녕? 미래의 민영아 너는 지금 네가 가진 꿈을 이루고 행복하게 잘 살고 있니? 너의 20대는 혼란과 미성숙함으로 상처를 많이 받았지만, 그런 아픔을 딛고 훌륭한 어른으로 성장했길 바라. 어렵고 힘든이들을 잘 도와주고 있니? 네가 사는 세상은 지금 세상보다 더 살기가 좋아졌니?

무척 궁금한 부분이 많지만, 말하고 싶은 건, 후회없이 살고 있길 바라. 주변이들을 잘 챙기고, 세상의 아름다움에 조금이라도 기여하며 멋지게 그리고 선하게 네 영향력을 펼치며 살아가길 기도할게. 고마워 그리고 사랑해.

3B 소망

16.08 미래의 나에게 편지를 적어보세요.

안녕? 너가 아직도 살아 있다면 이 편지를 보고 있겠지? 난 너가 그냥 행복하게만 살고 있으면 좋겠어. 남 신경 너무 쓰지말고 너 답게, 너가 너 인생의 주체가 되어서 멋있게 살고 있기를 바랄게. 지금까지 잘 해왔다고 믿어. 앞으로도 너 자신을 믿어 힘내!!

16.09 미래의 나에게 편지를 적어보세요.

안녕...? 너는 지금 뭘 하고 지내니? 취직은 했니? 결혼은? 나는 지금 대학 입학을 기다리고 있어. 갓 성인이 되어서 너무 설레는데 이 설렘 오래 가져가고 싶어. 잘 지내지? 그때는 구체적인 계획을 갖고 살고 있으면 좋겠다. 그동안 수고했어. 앞으로도 잘 부탁해!!

16.10 미래의 나에게 편지를 적어보세요.

안녕, 미래의 나야. 너는 지금쯤 뭘 하고 있어? 네가 몇 년 뒤의 나일지는 모르겠지만 10년 뒤의 나로 설정해 볼게. 나는 시험 기간인데 공부하기 싫어서 노는 중이야. 그래도 뭐라도 되어있겠지? 너 꿈이 무대 연출가였잖아. 공연예술대학원은 나왔어? 지금 있는 대학 잘 다니면서 스웨덴어 열심히 했으면 좋겠어. 맞다, 스웨덴으로 교환학생을 다녀왔을 텐데 어땠어? 스웨덴 좋았어? 좋은 기억으로 남았으면 좋겠다. 혹시나 네가 마음에 들지 않는 직업, 위치에 있더라도 네 자리에서 언제나 최선을 다하면 좋겠어. 좋은 하루 보내. 오늘도 파이팅.

4A 연인에 대한 질문

4A 연인

껴안는 것을 좋아하나요?

당신은 껴안는 편인가요? 아니면 안기는 편인가요?

이상형은 어떤 사람이예요?

가벼운 관계가 좋다고 생각하시나요?

연인　4A

당신은 첫사랑은 누구였나요?

비디오를 보세요!
이름: Korean High School Students Talk About 'Love'
채널: Y

4A 연인

당신의 첫사랑 연예인은 누구였나요?

비디오를 보세요!
이름: 남녀가 생각하는 찐사랑은 첫사랑일까?
채널: 이십세들

연인　4A

당신이 가장 좋아하는 남자의 자질은 무엇입니까?

당신이 가장 좋아하는 여자의 자질은 무엇입니까?

가장 최근의 애인은 어떻게 만났나요?

4A 연인

당신이 꿈꾸는 이상적인 첫데이트에 대해 이야기해 주세요.

비디오를 보세요!
이름: 남녀가 말하는 성공적인 첫 데이트
채널: 이십세들

연인 4A

첫사랑은 누구였나요? 그분은 이제 어떻게 지내요?

이미 애인이 있는 사람을 좋아해 본적이 있나요?

다른사람의 마음을 아프게 한적이 있나요?

4A 연인

온라인 데이트 해 본 적 있어요?

최악의 데이트는 언제였어요?

이성에 대해 가장 짜증나는 것은 무엇인가요?

연인 4A

최상의 데이트는 언제였어요?

비디오를 보세요!
이름: 1박에 1000만원 호텔 레스토랑에서 점심
데이트 | 울릉도 일주여행
채널: 잼쏭부부 jemissong

4A 연인

소개팅에 나가본 적 있어요?

소개팅의 장점과 단점은 무엇이라고 생각하나요?

당신의 파트너가 바람을 피운적이 있나요? 그들을 용서했나요, 아니면 용서할 수 있나요?

연인 4A

당신은 사랑한다고 마지막으로
말한 사람이 누구인가요?

지금 좋아하는 사람이 있나요?
있다면 그 사람은 어떤 사람인가요?

당신은 운동을 좋아하는 사람에게 끌리나요,
아니면 학문적인 사람에게 더 끌리나요?

이성과 진지한 만남을 몇번 가져보았나요?

4A 연인

예전의 연인들과 친구로 지내나요?

마음이 속상했던 때를 이야기해 보아요.

당신은 장거리 연애를 해본 적이 있나요?

연인 4A

결혼하기에는 어리다고 생각하는 나이는 몇살일까요?

두 사람은 모국어가 다르면 잘 사귈 수 있다고 생각하나요?

4A 연인

데이트하는것에 가장 큰 단점은 무엇인가요?

데이트하는것에 가장 큰 장점은 무엇인가요?

데이팅하는 동안 남자가 돈을 내야 한다고 생각하세요? 첫데이트는 어땠어요?

연인 4A

당신의 부모님이 당신과 사귀고 있는 사람을 반대한다면 그 사람과 헤어질 수 있겠어요?

당신은 당신보다 훨씬 나이가 많거나 훨씬 더 어린 사람과 데이트를 할 수 있을 것 같나요?

상대방이 단지 부나이기 때문에 사겨 본 적있어요?

4A 연인

발렌타인 데이에 주로 무엇을 하나요?

당신은 밸런타인데이랑 ①화이트데이에 대해서 어떻게 생각하나요?

사랑하는 것과 사랑을 받는 것 중 어느 것이 더 중요합니까?

1. 화이트데 - 화이트데이에 남자가 여자에게 사탕을 선물하는 날로 되어 있다.

연인 　4A

싱글로 산다는것에 대해 가장 좋은점은 무엇인가요?

누군가와 사귀는것에 대해 가장 큰 장점은 무엇인가요?

다른 사람과 같이 사는것과 혼자사는것 중 어느쪽을 선호하나요?

4A 연인

이혼했던 사람과 사귀겠나요?

장애인과 사귀는 것에 대해 생각해 보았어요?

어장관리 당해 본 적 있나요?

연인 4A

데이트 할때 바람 맞아 본적이 있어요?

당신과 반대인 사람에게 매력을 느끼나요?

부모님이 당신의 배우자를 결정하게 할수 있나요?

4A 연인

누군가와 데이트할때 신원조회를 해본적 있나요?

이성에 대해 가장 짜증나는 것은 무엇인가요?

첫 눈에 반한다는 걸 믿으세요?

당신이 사랑에 빠졌다는것을 어떻게 알아요? 가장 중요한 신호는 무엇인가요?

연인 4A

당신의 파트너가 혼자서 여행하고 싶어한다고 말한다면 어떻게 하겠어요?

비디오를 보세요!
이름: 치앙마이에서 저희 헤어졌어요
채널: 잼쏭부부 jemissong

4A 연인

당신의 결혼식이 성대하게 치루길 원하세요? 소박하게 치루길 원하세요?

당신의 가장 기억에 남는 키스가 언제였나요?

여자들이 남자들에게 프로포즈를 하는 것에 대해 어떻게 생각해요?

연인 4A

당신은 누군가를 몰래 짝사랑했나요, 아니면 누군가가 당신을 몰래 짝사랑했나요?

비디오를 보세요!
이름: 여자들이 말하는 짝사랑할 때 하는 행동
채널: 이십세들

4A 연인

사람을 사귈때 그 사람의 외모가 당신에게 얼만큼 중요한가요?

비디오를 보세요!
이름: 이거 ㄹㅇ? 남자가 짝사랑 할 때 하는 행동
채널: 이십세들

연인 4A

이별(이별의 아픔)을 겪고 있는 누군가를 도와준 적이 있나요?

헤어졌던 애인과 다시 사겨 본적이 있나요? 있다면 어떤일이였는지 이야기 해보세요.

4A 연인

당신이 차이거나 다른 사람을 차버린 최악의 방법은 무엇입니까?

비디오를 보세요!
이름: Similarities and differences of aftermath of parting between genders.
채널: Y

연인 4A

만약에 결혼하거나 동거를 한다면 상대방과 통장을 공유할건가요? 아니면 별도로 사용할건가요?

공공장소에서의 애정 행각을 어떻게 생각하나요?

4B 연인에 대한 원어민 답변예시

연인 4B

17.01 이상형은 어떤 사람이예요? 이제까지 그런 사람을 만나 본 적이 있나요?

내가 사랑받고 있음을 항상 표현하고 보여주며 느끼게 해주는 사람. 보고 싶다면 달려와 주고, 쉬고 싶다면 어깨를 내밀어주는 사람.

17.02 이상형은 어떤 사람이예요? 이제까지 그런 사람을 만나 본 적이 있나요?

다정한 사람이 좋아요. 내가 해주는 걸 당연하게 여기지 않고 나에게 해주는 것에 생색내지 않는 사람이요. 겸손하고 잘 웃는 사람이 좋아요.

17.03 이상형은 어떤 사람이예요? 이제까지 그런 사람을 만나 본 적이 있나요?

이상형은 운동 좋아하고 재밌는 사람입니다! 한번 만나본 적은 있으나 중학생 때여서 고백할 생각은 해보지도 않았는데… 또 그런 사람을 만날 수 있겠죠?

17.04 이상형은 어떤 사람이예요? 이제까지 그런 사람을 만나 본 적이 있나요?

아이와 어른에게 다정하고, 저와 가치관이 같고, 친구처럼 편안한 연애를 함께 할 수 있는 사람입니다!
아니요ㅠㅠ 아직 없지만, 한 번 쯤은 만날 수 있지 않을까요?

4B 연인

**17.05 이상형은 어떤 사람이예요?
이제까지 그런 사람을 만나 본 적이 있나요?**

저의 이상형은 쌍꺼풀 찐하고, 콧대 높고, 마른 사람이에요!! 제 친구들한테 남자친구를 소개시켜 줄 때 마다 애들이 항상 제 이상형처럼 생겼대요! 그래서 그런가 요즘은 다양한 사람도 만나보고 싶어요!

**17.06 이상형은 어떤 사람이예요?
이제까지 그런 사람을 만나 본 적이 있나요?**

외적인 이상형은 무쌍에 어깨가 넓고 목소리가 저음인 사람. 다정하며 동물과 아이들을 사랑하는 사람 하루에 한번은 꼭 '사랑한다'고 말해주는 사람 날 헷갈리지 않게 하는 사람 지금 만나고 있습니다 :)

**17.07 이상형은 어떤 사람이예요?
이제까지 그런 사람을 만나 본 적이 있나요?**

제 이상형은 좀 까다로운데 ..ㅋㅋ 외적인 건 곰 같이 덩치가 있고 웃는 얼굴이 예쁜 사람이요! 내적으로는 다정하고 마음이 넓은 사람? 아이 같은 것 보단 어른스럽고 성숙해서 의지할 수 있는 사람이 좋아요! 이상형이 까다로워서인지 아직 그런 사람을 만난 적이 없네요 .. ㅋㅋㅋㅋ

**17.08 이상형은 어떤 사람이예요?
이제까지 그런 사람을 만나 본 적이 있나요?**

내 어릴적 이상형은 허벅지가 두꺼운 사람이다. 많이 보았지만, 현재 남자친구는 이상형에서 한없이 먼 사람이라고 할 수 있다. 이상형은 평생 고정되어 있지 않고 내가 자라면서 이상형도 변하는 것 같다.

연인 4B

**17.09 이상형은 어떤 사람이예요?
이제까지 그런 사람을 만나 본 적이 있나요?**

아직 만나 본 적은 없지만, 제 이상형은 자상하고 예의바르고 배울 점이 있는 사람이에요. 어른을 공경하고 아이와 동물을 사랑할 줄 아는 사람이요. 나를 아껴줄 수 있는 사람이었으면 좋겠어요. 저는 외적인 부분보다 내면이 아름다운 걸 더 중요하게 생각해요.

17.10 이상형은 어떤 사람이예요? 이제까지 그런 사람을 만나 본 적이 있나요?

저는 술, 담배 안하는 사람이 좋아요!! 키는 저보다 크면 좋겠구 피부가 좋고 나쁘고는 상관 없이 피부관리 하려고 노력하는 남자가 좋아요! 얼굴을 사실 잘생기면 좋은데... ㅎㅎ 현생이 그러긴 힘들잖아요...? 그래서 그냥 잘생기고 못생기고를 떠나서 같이 다닐때 부끄럽지 않은 느낌이면 좋을거같아요!!

4B 연인

18.01 당신이 꿈꾸는 이상적인 첫데이트에 대해 이야기해 주세요.

전시회나 공연을 보고 싶어요. 첫데이트에 전시회를 간다면 기억에 많이 남지 않을까요? 작품 얘기를 하면서 공통점을 자연스럽게 찾을 수도 있고요.

18.02 당신이 꿈꾸는 이상적인 첫데이트에 대해 이야기해 주세요.

놀이공원이 가장 이상적인 데이트 장소라 생각합니다. 놀이공원에 가서 같이 놀이기구도 타고 사진도 찍으며 하루종일 둘이 신나게 노는 것이 가장 이상적입니다.

18.03 당신이 꿈꾸는 이상적인 첫데이트에 대해 이야기해 주세요.

데이트에 정석이라는 건 없겠지만 아무래도 오후쯤 만나 영화를 보고 저녁을 먹고 카페에 갔다가 가볍게 술한잔 하고 헤어지는 코스가 좋아요. 인생네컷도 한 장 찍고 잠깐 산책도 할 수 있는 코스면 더 좋을 것 같아요.

18.04 당신이 꿈꾸는 이상적인 첫데이트에 대해 이야기해 주세요.

제가 꿈꾸는 이상적인 첫데이트라... 그냥 완전 정해져있는 거 같은데 누가봐도 저 사람들은 연인이구나 하는 것을 느낄 정도로 끼부리면서 영화보고 밥먹고 카페갔다가 좀 게임장도 가본다던가 그렇게 서로 손잡고 귀가하고 싶어요.

연인 4B

18.05 당신이 꿈꾸는 이상적인 첫데이트에 대해 이야기해 주세요.

둘이서 영화관 가서 재밌어 보이는 영화도 좋을거 같아요!! 둘 다 먹을거 좋아하면 차라리 방을 잡고 먹을거 여러개 시켜서 뷔페처럼 먹어도 좋을거 같네요ㅋㅋㅋㅋ 둘이야기 할때는 카페같은데 가서 서로 음료수 내꺼가 맛있니 너꺼가 맛있니 하면서 떠들어도 좋을거 같아요!!!

18.06 당신이 꿈꾸는 이상적인 첫데이트에 대해 이야기해 주세요.

꿈꾸는 나의 첫 데이트에 대한 이상은, 기적과도 같은 모습이라고 생각해요. 기적은 선망되곤 하지만, 그만큼 우리 곁에는 드문 일이거든요. 예상치 못한 장소에서 만난 예상치 못한 사람, 잘 몰랐던 장소에서 익숙함을 느끼는 신비로운 경험과 잊지 못할 그 날의 분위기보다 기적 같은 일이 있을까요?

18.07 당신이 꿈꾸는 이상적인 첫데이트에 대해 이야기해 주세요.

향수공방에 가서 서로의 이미지에 맞는 향수를 만들고, 밥을 먹으러가고, 카페도 갔다가, 커플링도 만들고 싶어요. 서로의 이니셜이 새겨진 반지면 더 좋을 것 같아요 :)

4B 연인

18.08 당신이 꿈꾸는 이상적인 첫데이트에 대해 이야기해 주세요.

첫 데이트는 무난하고 따뜻한 그런 분위기였으면 좋겠어요. 평범한 연인들처럼 만나서 맛있는 밥을 먹고 카페에도 들러 따뜻한 음료와 달콤한 디저트를 맛보고, 같이 보고싶었던 영화를 보거나 가고 싶었던 전시회에 가는것도 좋겠네요. 그리고 마지막엔 예쁜 길에서 산책을 하고 헤어지는 그런 평범하지만 따뜻한 데이트가 하고 싶어요.

18.09 당신이 꿈꾸는 이상적인 첫데이트에 대해 이야기해 주세요.

각자에게 각자가 원하는 모습이 있을거에요. 연애라는게 단순히 '나의 연애'가 아니라 '당신과 나'의 연애이기 때문에 우리 둘이 함께 즐길 수 있는 무언가를 하는 것이 좋을 거 같아요. 저는 가장 최근 연애 때 너무 제가 하고 싶은 걸 해서 되려 눈치 보이고 그랬죠.. ㅠㅠ 상대와 이런 얘기를 터놓고 하는 게 더 좋은 거 같아요.

18.10 당신이 꿈꾸는 이상적인 첫데이트에 대해 이야기해 주세요.

어떤 데이트를 하더라도 손 잡고, 서로 눈을 마주치면서 대화를 편하게 할 수 있는 데이트였으면 좋겠어요. 하기 싫은 걸 억지로 하는 데이트가 아니라 연인 둘 다를 만족 시킬 수 있으면 좋겠어요. 딱히 어디를 가고 싶다거나 뭔가를 하고 싶은 마음은 없고 그저 사랑하는 사람과 함께하는 순간이 행복하면 그게 제일 이상적인 데이트가 될 것 같아요.

연인 4B

19.1 당신은 장거리 연애를 해 본 적이 있나요? 장점과 단점에 대해 적어 보세요.

장거리 연애의 장점은 서로의 연락이 소중해진다는 점 같아요. 자주 볼 수 없으니 문자 하나, 전화 한 번이 소중해지는 거죠. 단점은 아무래도 만나기가 쉽지 않다는 게 아쉬운 점 같네요. 보고싶을 때 보지 못하는 것, 참 힘든 일이에요.

19.2 당신은 장거리 연애를 해 본 적이 있나요? 장점과 단점에 대해 적어 보세요.

부산과 대구에서 해본 적은 있어요. 장거리 연애는 서로 만나고 싶을 때 만나기 쉽지 않다는 거에 서로 애가 타서 만났을 때 더 즐겁다는 것이 있는 반면에 서로 만나지를 못하니까 금방 사랑이 식는다거나 다른 사람한테 눈길이 가는 것 같아요. 그렇게 오래가지는 못하는 연애인 것 같네요.

19.3 당신은 장거리 연애를 해 본 적이 있나요? 장점과 단점에 대해 적어 보세요.

온전한 나만의 시간이 늘어나는 것이 장점이라고 생각해요. 오랜만에 내 도시까지 찾아와 준 그녀의 모습은 여전히 아름다운데, 기차 속으로 그 형상이 사라지는 순간 이 도시는 또 다시 온전한 나의 것이거든요. 나의 도시가 쓸쓸한 것은 떠나버린 기차 탓이겠네요. 그건 정처 없이 기다리는 내 지난 사랑의 단점이겠네요.

4B 연인

19.4 당신은 장거리 연애를 해 본 적이 있나요? 장점과 단점에 대해 적어 보세요.

지금 하고있어요! 내 일에 좀 더 집중할 수 있다는 점이 좋지만 역시 다른 커플들처럼 자주 못만나는게 큰 단점인거 같아요. 그리고 갈등이 있더라도 서로 얼굴도 못보는데 싸우기 싫어서 그냥 넘어가려는 경우가 많아요.

19.5 당신은 장거리 연애를 해 본 적이 있나요? 장점과 단점에 대해 적어 보세요.

장거리와 단거리는 각각의 장단점이 있는 것 같아요. 장거리를 하면서 조금 더 애틋하고 만났을 때 늘 최선을 다 하게 되는 게 좋지만 아무래도 다투는 상황일 때 만나서 얼굴을 보고 말할 수 없는데 너무 답답해서 힘들 것 같네요.

19.6 당신은 장거리 연애를 해 본 적이 있나요? 장점과 단점에 대해 적어 보세요.

가장 장거리가 음 편도로 45분? 정도로 단거리 연애 극호 하지만 이 정도의 장거리에도 슬픈 점은 많았어요. 일단 첫번째로 보고 싶을 때 못 본다는 거! 내가 간다고 하여도 상대방이 만류할 가능성이 너무 높은.. 두 번째는 걱정돼요ㅠㅠ 같이 못 있으니까 괜히 막 두려운.. 계속 옆에 있고 싶은 마음을 표출 못하는 게 크죠. 장점은 봤을 때 그 행복감이 몇 배로 더 커진다는 거? ㅎㅎ

그래도 나는 단거리가 좋아.

연인 4B

19.7 당신은 장거리 연애를 해 본 적이 있나요? 장점과 단점에 대해 적어 보세요.

국가간 장거리를 해보았다. 힘들다.

장점이라면 생각보다 자유로운 행동이 가능했다. 그를 만나러 보내야했었을 시간들을 오로지 나를 위한 시간으로 만들 수 있었다. 또, 조금 더 애틋해졌다. 익숙함에 속아 소중한걸 잊지 말자 라는 말 처럼 익숙했던 시간들 속에서 소중한걸 다시금 깨닫게 해주었다. 단점은, 옆자리는 몰라도 난 자리는 안다고 그자리가 너무 텅 비어 있었다. 통화를 하려면 시차를 맞춰야했다. 몸이 멀어지면 마음도 멀어진다.

19.8 당신은 장거리 연애를 해 본 적이 있나요? 장점과 단점에 대해 적어 보세요.

저는 왜인지 장거리 연애를 자주 했던 것 같아요. 장거리는 서로를 더 애틋하게 해줌과 동시에 서로 닿을 수 없으니 애가 타곤 했죠. 장거리 연애는 장단점이 굉장히 두드러지는 연애에요. 장점은 본인만의 시간을 가질 수 있다는것과 데이트 비용이 절감된다는점을 들 수 있겠네요. 단점은 보고싶을때 바로바로 볼 수 없다는 점, 오고가는 시간이 길다는점을 들 수 있어요. 제가 해보면서 느낀 장거리 연애를 할 때 중요한게 세가지 있어요. 전화(연락), 배려, 믿음. 이 세가지 중 하나라도 삐끗하는 순간부터 그 연애는 힘들어질거에요.

4B 연인

20.01 당신의 부모님이 당신과 사귀고 있는 사람을 반대한다면 그 사람과 헤어질 수 있겠어요?

부모님께서 쉽게 반대를 거시는 분이 아니셔서, 반대하신다면 이유부터 여쭤볼 것 같아요! 그럼 제가 설득당하거나, 제가 설득드리거나 둘 중 하나겠죠?

20.02 당신의 부모님이 당신과 사귀고 있는 사람을 반대한다면 그 사람과 헤어질 수 있겠어요?

저는 헤어지지 못 합니다. 부모님과 저는 다른 사람이고, 누군가의 단점으로 보이는 게 제겐 장점으로 보일 수 있기 때문입니다. 제 주관에 따르고자 합니다.

20.03 당신의 부모님이 당신과 사귀고 있는 사람을 반대한다면 그 사람과 헤어질 수 있겠어요?

아니요! 제 애인이지, 부모님의 애인이 아니잖아요. 왜 반대하는지 이유는 들어보겠지만 부모님의 의견 때문에 헤어지고 싶지는 않아요. 강제로 헤어지게 한다 해도 몰래 만날 것 같아요.

20.04 당신의 부모님이 당신과 사귀고 있는 사람을 반대한다면 그 사람과 헤어질 수 있겠어요?

저는 엄마랑 아빠를 설득할거 같아요! 자식 이기는 부모는 없다고 하잖아요?? 정 반대를 하시면 일단은 연애만 하는 거라고 너무 걱정하지 말라고 하고싶어요!! 실제로도 결혼 생각은 없지만요 ㅋㅋㅋㅋ

연인 4B

20.05 당신의 부모님이 당신과 사귀고 있는 사람을 반대한다면 그 사람과 헤어질 수 있겠어요?

우선 이유를 들어보고 타당한 이유라면 고민을 해봐야겠죠! 연애 할 때는 콩깍지가 씌여 있으니 .. 그 사람을 제대로 파악하기 어려울 수 있거든요! 하지만 그럴만한 이유 없이 막연하게 반대한다면 헤어지지 않을 거에요.

20.06 당신의 부모님이 당신과 사귀고 있는 사람을 반대한다면 그 사람과 헤어질 수 있겠어요?

사실 부모님이 나의 사람을 반대할 것이라는 상상 자체를 안 해봤어요. 나와 우리 부모님은 연애에 있어 원채 쿨해서요. 아마 내 연애에 부모님이 아무 간섭도 하지 않는 게, 내가 갈라서는 부모님을 막지 않았던 이유라고 생각해요.

20.07 당신의 부모님이 당신과 사귀고 있는 사람을 반대한다면 그 사람과 헤어질 수 있겠어요?

부모님이 저의 연애를 반대하신다면 저는 부모님께 그 사람이 저를 만나야 하는 이유와 서로가 얼마나 좋아하는 지를 보여줄거예요. 그래도 반대하신다면 완전 터무니없는 이유가 아닌 이상 헤어져야겠죠. 다른 사람이 말리는 연애는 하자는 주의가 아니여서.

4B 연인

20.08 당신의 부모님이 당신과 사귀고 있는 사람을 반대한다면 그 사람과 헤어질 수 있겠어요?

아직 이런 일들을 겪은 적 없고, 저번 남자친구도 부모님 반대로 헤어진 건 아니지만 부모님이 반대한다면 그럴만한 이유가 있을거라고 생각해요. 만약 반대한다면 왜 반대를 하는지 한 번 생각해보고, 저의 상황이나 사귀는 사람의 성향에 대해서 한 번 더 생각해 볼 것 같아요. 헤어질 수 있을지는 겪어보지 않아서 모르겠어요.

20.09 당신의 부모님이 당신과 사귀고 있는 사람을 반대한다면 그 사람과 헤어질 수 있겠어요?

헉… 저의 유교를 시험하는 건가요.. 하지만 전 유교걸로써 부모님이 반대하는 이유가 합당할 거라고 생각해요. 연륜에서 나오는 짬이 있듯이 부모님도 무언가 쎄하다 라는 걸 느끼셔서 말한 거 아니겠어요.. 하지만 부모님과 대화 중 말이 통하지 않는다면 그래서 제가 납득이 가지 않는다면 계속 만날 거 같아요. 자식 이기는 부모 없다!!!

20.10 당신의 부모님이 당신과 사귀고 있는 사람을 반대한다면 그 사람과 헤어질 수 있겠어요?

저는 다른 사람의 말만으로 내가 사랑하는 사람과 헤어질 생각은 없어요. 부모님이 반대를 하신다면 그럴만한 이유가 있겠죠. 저에 대한 걱정을 바탕으로한 반대이실테니 저는 그분들께 뭐라고 하지는 못할것 같아요. 그렇지만 제 인생을 함께할 사람을 남의 선택으로 정하고 싶진 않아서 제가 그 사람을 사랑하고 있는 한 헤어지지 않을것 같습니다.

연인 4B

21.1 결혼하기에는 어리다고 생각하는 나이는 몇살일까요?

결혼하기에 어린 나이가 있다고 생각한다면, 꼰대 같다는 말을 들을 것 같고, 결혼하기에 어린 나이가 없다고 생각한다면, 비현실적이라고 비난 받을 것 같아요. 만약 정해야 한다면, 그 누가 됐든, 책임감을 알게 되는 나이보다는 어리지 않을까요?

21.2 결혼하기에는 어리다고 생각하는 나이는 몇살일까요?

적정 나이가 29살이라고 생각하기 때문에 28살 이하요. 어느 정도 사회에서 자리를 잡고, 매월 돈이 꾸준히 나오는 그런 안정적인 상태에서 누군가를 만나야지, 무턱대고 결혼했다가 뒤늦게서야 후회하는 건 자신에게도 배우자에게도 정말 무례하다고 생각해요.

21.3 결혼하기에는 어리다고 생각하는 나이는 몇살일까요?

결혼하기에 어리다 생각하는 나이는 딱히 없지만 .. 고등학생 같은 미성년자는 조금 신중하게 결정 했으면 좋겠어요! 요즘 혼전임신으로 고등학생들이 결혼 하는 경우가 느는 것 같더라구요..! 티엠아이 이지만 저는 즐길 거 다 즐기고 후회 없을 때 결혼할거에요! ㅋㅋㅋ

4B 연인

21.4 결혼하기에는 어리다고 생각하는 나이는 몇살일까요?

28살 미만으로는 다 어린 것 같아요. 미성년자가 성인이 되어서 사회에 익숙해지는데 5년은 걸린다고 생각해요. 내가 나를 책임지는 것에 충분히 익숙해지고 곧고 바른 생각을 가질 수 있게 되는 순간에 타인까지 품을 수 있다고 생각합니다. 아무래도 경험이 중요할 거고요. 게다가 20대 초중반에만 할 수 있는 경험도 있으니까요. 누군가를 책임지게 되면 이전보다는 제약적인 게 늘어나니 20대 후반에 결혼하는 게 좋다고 생각합니다.

21.5 결혼하기에는 어리다고 생각하는 나이는 몇살일까요?

미성년자! 아무리 그래도 미성년자는 아직 생각하고 판단하는 힘이 부족하고, 말 그대로 생각이 어립니다.. 그래서 미성년자는 무조건 반대반대!!
하지만 그렇다고 해서 또 너무 어린 나이에 결혼이라... 제 주변사람이 20대 초에 결혼을 한다고 하면 축하보단 왜? 라는 질문이 먼저 나오고 말릴 거 같아요..
정말 사랑해서 결혼하는 거겠지만 눈치많이 보는 한국 사회에서.. 음 애기만 없으면 괜찮으려나.. 그래도 한국 평균 결혼 연령이 남녀구분없이 이제 30대 인 걸 감안하면 20대 후반부터가 결혼하기 좋은(?)나이인 거 같아요.

연인 4B

22.1 첫 눈에 반한다는 걸 믿으세요?

네, 믿어요. 저는 개인적으로 눈이 제일 중요하다고 생각해요. 딱 남자와 눈이 마주쳤을 때 뭔가 '찌릿'하는 느낌이 종종 있어요. 그게 첫 눈에 반하는 거라고 생각해요.

22.2 첫 눈에 반한다는 걸 믿으세요?

첫눈에 반한다는 말을 믿어요. 어떤 사람의 첫인상에는 그 사람이 살아왔던 삶이 만든 분위기가 담겨 있으니까요.

22.3 첫 눈에 반한다는 걸 믿으세요?

아니오. 첫 눈에 반하는 것은 그 사람에 대해 내가 갖는 기대감이 투영된 것일 뿐 그 사람의 본질은 아니니까요.

22.4 첫 눈에 반한다는 걸 믿으세요?

믿어요. 보자마자 다른 생각은 안들고 그녀만 생각나는 시간. 그 이후에는 그녀의 마음에 들도록 움직여야겠죠. 또한, 처음에는 몰랐지만 첫만남 이후 계속 생각이 난다연 그게 바로 첫 눈에 반한것이 아닐까요?

4B 연인

22.5 첫 눈에 반한다는 걸 믿으세요?

첫 눈에 반한다는 게 어느 정도는 맞는 것 같아요. 초등학교 때 어느 날 정말 예쁜 애를 처음으로 본 적이 있는데 정말 딱 첫눈에 보자마자 반했던 적이 있거든요? 이런 경험을 바탕으로 생각해 보면 사람은 정말 첫눈에 반하는게 가능한 것 같아요.

22.6 첫 눈에 반한다는 걸 믿으세요?

첫 눈에 반한 적이 있습니다. 하지만 첫 눈에 반한 상대에게 호감이 오래 지속된다고 생각하지는 않습니다.

22.7 첫 눈에 반한다는 걸 믿으세요?

네. 운명... 또한 믿어요! 근데 첫눈에 반한다는 건 나의 이상형이 명확하다거나 금사빠인 사람에게만 해당되는 이야기라 생각해요. 만약 내가 친절한 사람을 좋아한다면, 어떤 이의 친절한 행동을 보고 첫눈에 반 할 수도 있고, 잘생긴 사람을 좋아한다면, 잘생긴 사람을 보고 첫눈에 반 할 수도 있겠죠! 첫눈에 반한다는 건 너무 로맨틱한 이야기 같아요. 운명 같은 만남!!

연인 4B

22.8 첫 눈에 반한다는 걸 믿으세요?

저는 첫 눈에 반한다는 것을 믿지는 않아요. 제가 첫 눈에 반한 적이 없기 때문이죠. 저 같은 경우는 주변 사람들의 행동과 말투 등의 평소 행실을 살펴보고 새로운 사람이 나타나도 바로 호의적으로 받아들이기 보다는 옆에 두고 천천히 알아가면서 호감을 갖는 성격이라서 더 그런 것 같아요.

22.9 첫 눈에 반한다는 걸 믿으세요?

저는 첫 눈에 반한다는 말을 믿지 않아요. 첫 눈에 관심은 생길 수 있겠지만 단번에 운명처럼 감정이 피어날 수는 없으니까요. 수많은 우연이 겹쳐 인연이 되는 것처럼 사랑도 가랑비에 옷 젖듯, 자기도 모르게 조금씩, 그렇게 아주 천천히 스며들다가 어느 순간 비로소 깨닫는 감정이라고 저는 생각해요. 어쩌면 누군가는 제가 첫 눈에 반하는 경험을 해본 적이 없어서 그렇게 생각하는 거라고 말할 지도 몰라요. 세상을 사는 많은 사람들 중에는 분명 우연히 만난 사람과 영화같은 사랑을 하고 있는 사람도 있을테니까요. 하지만 전 함께한 시간이 쌓이는 만큼 정도 쌓인다고 믿는 사람이어서요. 그래서인지 제게는 첫 눈에 반한다는 말이 현실감없는 마법 주문처럼 느껴져요.

5A 친구에 대한 질문

친구 5A

친구들 중에 어떤 친구가 제일 친절한 것 같아요?

친구들 중에 어떤 친구가 제일 똑똑한 것 같아요?

당신의 베프는 동성입니까? 이성입니까?

당신에게 원한이 있는 사람이 있나요?

5A 친구

어디서 어떻게 베프를 만났어요?

베프를 만나면 무엇을 하며 시간을 보내나요?

친한 친구랑 싸우면 어떻게 하나요?

친구 5A

새로운 사람을 만나는 것에대해 어떻게 생각하나요?

당신은 쉽게 친구를 사귈 수 있나요?

새롭게 만난 친구 vs 예전부터 알고지내던 친구 중 어떤 친구가 더 좋다고 생각하시나요?

5A 친구

'프렌즈'를 시청한 적 있나요? 그렇다면 등장인물들의 우정에 대해 어떻게 생각했나요?

만약 당신이 '프렌즈'의 캐릭터라면 어떤 캐릭터일까요?

친구에게 돈을 빌려준 적이 있나요?

친구에게 돈을 빌려줬을 때 그들이 당신에게 돈을 갚기를 기대하나요?

친구 5A

유해한 우정을 나눈 적이 있나요?

당신의 배우자나 여자친구 혹은 남자친구의 친구들을 좋아하나요?

직장 동료를 친구로 생각하나요?

5A 친구

독신 이성애자 남녀가 그냥 친구가 될 수 있다고 생각하나요?

비디오를 보세요!
이름: 남녀사이 친구? 개소리 [이공이구]
채널: 이십세들

친구 5A

당신은 좋은 친구라고 생각하나요?

친구와 절교한 적이 있나요?

당신은 당신의 가족 관계보다 우정을 더 소중히 여기나요?

5A 친구

친구와 사이가 나빠진 적이 있나요?

비디오를 보세요!

이름: Different types of unlikeable friends of men and women

채널: Y

친구 5A

친구가 정말로 도움이 필요할 때 도와준 적이 있나요?

당신이 정말로 도움이 필요할 때 친구가 당신을 도와준 적이 있나요?

당신은 다른 사람의 도움을 받아들이는 것이 쉬운가요?

5A 친구

가장 먼저 사귄 친구는 누구이며 어떻게 만났나요?

그 친구는 요즘 무엇을 하고 있는지 알아요?

어렸을때 상상속 친구가 있었나요?

당신은 아직도 어린시절 친구들과 가깝게 지내나요?

친구 　5A

당신은 당신의 친구에게서 어떤 자질을 가장 소중하게 생각해요?

비디오를 보세요!
이름: 남녀가 말하는 진정한 친구의 기준
채널: 이십세들

5A 친구

당신과 당신의 친한 친구에 대한 재미있는 일화를 들려주세요.

소셜 미디어의 도움으로 친구를 사귀면 더 쉬운가요?

친구 5A

인터넷 친구를 직접 만난 적이 있나요?
만남이 어땠나요?

누가 가장 많이 문자를 보내나요?
무슨 얘기를 하나요?

꼽사리라고 느껴본 적이 있어요?

5A 친구

지금은 보고 싶은 사람이 있나요? 있다면 그 사람에게 무슨 말을 하고 싶나요?

정말 좋은 친구(여사친/남사친)와 데이트 해 본 적이 있나요?

당신은 베프와 어떤 점이 닮았나요? 어떤 점은 다른가요?

친구 　5A

친구 중 누가 좀비와의 전쟁에서 살아남을 가능성이 가장 높다고 생각하나요?

당신의 친구 중 누가 최고의 대통령/총리가 될 것이라고 생각하나요?

당신의 친구 중 누가 백만장자와 결혼할 가능성이 가장 높다고 생각하나요?

당신의 친구 중 누가 나라를 떠나 다시 돌아오지 않을 가능성이 가장 높나요?

5A 친구

더 많은 친구를 원하나요, 아니면 친한 친구 몇 명만을 원하나요?

당신보다 나이가 많거나 적은 친구가 있나요? 우정에서 나이가 중요한가요?

친구 5A

다른 친구 그룹과 동시에 시간을 보낸 적이 있나요? 어땠나요?

당신과 다른 문화나 나라에서 온 친구가 있나요?

5A 친구

친구와 같이 여행해 본 적이 있어요?

비디오를 보세요!
이름: 친구들과 감성캠핑 | 금은모래캠핑장 |
빗속에서 조용히 쉬다 왔습니다 | 불멍 |
우중캠핑 | 힐링캠핑
채널: 제리보이 jerryvoy

5B 친구에 대한 원어민 답변예시

5B 친구

23.01 어디서 어떻게 베프를 만났어요?

중학교에서 동아리로 방송부를 했었는데, 같이 방송부에 들게 돼서 그때 처음 만났습니다!

23.02 어디서 어떻게 베프를 만났어요?

제가 영화를 좋아하잖아요. 근데 내 베프도 영화를 좋아하거든요. 그래서 베프를 만나게 되었어요.

23.03 어디서 어떻게 베프를 만났어요?

중학교에 입학하고 만났어요. 친구 한 명이 혼자 있어서 같이 밥 먹으러 가자고 했고 그 뒤로 친해져서 베프가 됐어요.

23.04 어디서 어떻게 베프를 만났어요?

고등학교 때 만났어요. 우리는 같은 반이었거든요. 같은 반 친구들은 매일 매일 만나잖아요. 그래서 친해질 수 밖에 없었어요.

친구 5B

23.05 어디서 어떻게 베프를 만났어요?

저에겐 여러명의 베프가 있는데 공통점은 학교에서 만났다는 것입니다. 인생 절친 두명은 같은 초등학교에 다녀서 8살때부터 친구이며 그 중 한명은 대학을 같이 다닌답니다 :)

23.06 어디서 어떻게 베프를 만났어요?

중학교 때 여름캠프에서 처음 만났어요. 한달짜리 장기 캠프였는데 부모님 없이 또래들끼리만 있다보니 친해지기 더 쉬웠어요. 중학교, 고등학교, 대학교까지 같은 학교를 다닌 적은 한 번도 없지만 베프랍니다~

23.07 어디서 어떻게 베프를 만났어요?

교회에서 만났어요.
저는 어렸을때부터 여기저기 옮겨다니며 살아서 친구 만들기가 어려웠는데 학교는 옮겨도 교회는 계속 같은 곳을 다니다보니 진짜 오래 만나고 친해지는 친구들은 대부분 교회 친구들이였어요.

23.08 어디서 어떻게 베프를 만났어요?

유치원때 제가 처음 유치원에 간 날이었어요. 처음보는 저한테 "안녕"하고 인사하길래 이상한 애구나하고 그냥 넘어갔었죠. 다 수업 시작했는데 친구 혼자 밖에 나와있길래 나중에 물었더니 지각해서 혼나는 중이였대요ㅋㅋㅋㅋㅋ

5B 친구

23.09 어디서 어떻게 베프를 만났어요?

제 베프랑은 대학교 1학년 신입생 오리엔테이션에서 만났어요. 그 오리엔테이션을 한 날이 아직도 기억에 선명한데, 어느덧 베프와 알고 지낸 시간이 10년이 넘었네요. 지금까지도 아무때나 연락해도 어색하지 않는 소중한 사이로 지내고 있어요..

23.10 어디서 어떻게 베프를 만났어요?

저와 제 베프는 동창이에요 ~

중학교 다닐 때 우리는 처음 만났죠. 제가 중학생이던 시절의 한국에서는 초등학교에서 중학교로 진학하는 겨울방학에 종합학원을 다녀서 공부를 열심히 하는데요. 학교처럼 학원에 있었어요. 그 시절에 같은 반 이었는데요. 점심도 같이 먹고 학원 할 때에 같이 놀기도 하면서 친해졌다가 중학생 2학년때 같은 반이 되면서 더 친해졌어요.

친구 5B

24.1 당신과 당신의 친한친구에 대한 재미있는 일화를 들려주세요.

제가 해외에 살았을때 미국친구랑 한국에 있는 친한친구랑 영상통화를 시켜주었어요. 그랬더니 이야기를 못해서 어색하게 있다가 엄청 웃었던 기억이 있어요.

24.2 당신과 당신의 친한친구에 대한 재미있는 일화를 들려주세요.

마라탕을 먹으러 갔는데 벌레가 마라탕 안으로 자살을... 시도했어요 ㅋㅋㅋ
결국 거의 못 먹고 남겼지만 그래도 친구와 재미있는 추억이 생겼어요 웃프죠 ㅠㅠ
ㅋㅋㅋㅋ

24.3 당신과 당신의 친한친구에 대한 재미있는 일화를 들려주세요.

중학교 졸업 직전에 지금은 기억도 안나는 일 때문에 다툰 적이 있어요. 친구가 용기내서 먼저 러브액츄얼리처럼 스케치북을 이용해서 사과를 해준 덕분에 지금까지 연락을 이어가고 있습니다.

24.4 당신과 당신의 친한친구에 대한 재미있는 일화를 들려주세요.

친구가 여자친구랑 비밀연애를 하고 있을 때 저는 연애 사실을 알고 있었는데 다른 친구들 사이에서 저랑 친구의 여자친구랑 사귄다는 소문이 나서 친구가 여자친구를 급 공개했던 기억이 있어요 ㅋㅋ

5B 친구

24.5 당신과 당신의 친한친구에 대한 재미있는 일화를 들려주세요.

맨날 같이 드라마를 보고 드라마에 나오는 사람들의 억양이나 말투 같은 거를 따라하는데, 친구가 진짜 웃기게 따라해서 엄청 웃었던 기억이 있습니다. 별로 안 웃긴 거 압니다..생각나는 게 이거밖에 없었어요. 도움이 안 되면 죄송해요 ㅠㅠ

24.6 당신과 당신의 친한친구에 대한 재미있는 일화를 들려주세요.

친구가 애니같은 걸 따라하는 걸 즐겨요. 항상 애니보면 계단 손잡이에 걸터 앉거나 올라타서 미끄럼틀 마냥 쭉 내려가 잖아요. 그걸 따라하는데 현실 손잡이는 끝부분에 동그랗게 마감이 되어있는데 자기가 얼마나 내려올지도 모른 채로 그 끝부분에 엉덩이를 박아서 아파하더라구요.

친구　5B

24.7 당신과 당신의 친한친구에 대한 재미있는 일화를 들려주세요.

해외살이를 할 적에 친한 친구가 저를 보러 한국에서 유럽까지 온 적이 있어요. 그때 친구를 마중 나가러 공항에 갔는데, 친구가 타고 있던 같은 비행기에 친구의 또다른 친구도 유럽여행을 하러 비행기에 타고 있었던 거에요. 서로 같은 비행기를 탄 줄 몰랐었는데, 비행기 안에서 마주쳤었나봐요. 그래서 유럽에 도착하고 저희 셋이 같이 잠깐 여행을 같이 했어요.

24.8 당신과 당신의 친한친구에 대한 재미있는 일화를 들려주세요.

20살을 맞아 어릴때부터 가보고 싶었던 유럽여행을 하게 되었지요. 우리는 성인이 되면 꼭 동유럽 여행을 하자! 그게 20살 성인이 되어 헝가리와 체코로 10일간의 인생 최고의 여행을 제일 친한 친구들과 갔고 저의 스무살 생일을 부다페스트에서 맞이하게 되어 더욱 특별했지요. 한번은 로컬펍에 갔다가 라이브 밴드의 공연이 너무 좋아 술에 너무 취해 펍이 문을 닫을때까지 화장실에서 잠들었던 재밌는 일화가 기억나네요 ^^

5B 친구

25.01 친구와 사이가 나빠진 적이 있나요?

서로 오해를 했을 때 사이가 틀어졌어요. 말이 왜곡돼서 전해지거나 서로 연락이 안 됐을 때 오해가 생기는 것 같아요.

25.02 친구와 사이가 나빠진 적이 있나요?

치킨을 먹다가 친구가 맛있는 부분을 다 먹었어요. 하지만 저도 먹고싶었거든요.
닭다리를 남겨달라고 싸웠어요.

25.03 친구와 사이가 나빠진 적이 있나요?

이 친구와는 지금까지도 별탈없이 잘 지내고 있어요! 다른 친구와는 그 친구가 저에 대해 뒷담화를 해서 싸운 적이 있습니다.

25.04 친구와 사이가 나빠진 적이 있나요?

친구와 사이가 나빠진적이 손에 꼽을 정도 몇 없었던것 같아요 그래서인지 기억이 안나네요. 하지만 항상 솔직하게 서로의 감정을 표현하고 대화로 풀어갑니다.

친구 5B

25.05 친구와 사이가 나빠진 적이 있나요?

친구사이 뿐만 아니라 어느 인간관계에 있어서든 신뢰가 정말 중요한거 같아요. 저 같은 경우 한때 친했던 친구가 저 그리고 같이 어울려 다녔던 다른 친구들에게 거짓말을 하고 서로 이간질을 해서 사이가 멀어진 적이 있어요.

25.06 친구와 사이가 나빠진 적이 있나요?

음 친구라고 할까 10년 동안 알고 지냈으니 지인이겠죠? 같이 사업을 했는데 모든 금전적 피해를 고스란히 남긴채 도망갔어요. 근데 한국은 좁은 편에 속하죠? ㅎㅎ 결국에는 이런저런 아이디어 (같이 생각했던)를 가지고 본인의 고향에서 커피집을 하더라구요. 나빠지지는 않았어요. 그전에 싹이 보여 그냥 그 사람과 멀어졌거든요.

25.07 친구와 사이가 나빠진 적이 있나요?

어릴 때부터 그냥 시답지 않은 걸로 많이 싸웠어요. 지금 기억나는 건 옛날에 둘 다 아이엠스타를 정말 좋아해서 카드를 모았는데 그걸 교환하다가 저는 세트를 줬는데 그 애는 세트가 아닌 다른 걸 주는거예요. 그때 핸드폰에 카드를 인식하면 무대를 보여주는 앱이 있었는데 세트가 아니라서 무대를 보지 못하니까 그걸로 싸웠어요 ㅋㅋㅋㅋ

5B 친구

25.08 친구와 사이가 나빠진 적이 있나요?

친구가 저한테 조언을 구했던 적이 있었는데 그 조언대로 했다가 결과가 좋지 않았었나봐요.
그래서인지 친구가 저한테 화를내고 사이가 나빠진 기억이 있네요
ㅠㅠ

25.09 친구와 사이가 나빠진 적이 있나요?

그 친구와의 사이가 잠깐 멀어졌던 적은 대학 진학을 위한 입시 준비를 하던 철이에요. 서로가 바쁘고, 원하는 방향이 다르다보니 자연스레 각자의 일에 집중하기 시작했어요.

25.10 친구와 사이가 나빠진 적이 있나요?

여행 갔다가 싸운 적이 있었어요. 제 베프는 굉장히 너그러운 편이에요. 그런데 왜 그런거 있잖아요? 여행 준비기간에 자료조사 대충 하는 사람. 그게 저 거든요. 친구가 여행 준비기간때에 서운함이 많이 쌓였다가 결국에 여행가서 일정이 많이 비고 잘못된 정보로 이동하게 되는 일이 생겼었는데요. 결국 화를 냈어요. 여행준비때에는 각자가 맡은 일은 미루지 않아야 상대방이 힘들지 않잖아요? 제가 잘못했었어요.

친구 　5B

26.1 당신보다 나이가 많거나 적은 친구가 있나요? 우정에서 나이가 중요한가요?

저는 한 살 어린 친구들이 많습니다. 제가 친구라고 부르는 이들은, 저를 '누나'라고 부를 때 외에는 나이 차이가 느껴진 적이 없는 것 같아요. 저는 우정에 나이가 큰 상관이 없다고 여깁니다.

26.2 당신보다 나이가 많거나 적은 친구가 있나요? 우정에서 나이가 중요한가요?

친구에 성별, 나이, 인종 등의 문제는 중요하지 않은 것 같아요. 친구라는 개념 또한 그리 딱딱하거나 좁은 범위에서 이루어져야 하는 것도 아니라고 생각해서, 마음을 나누면 그게 정이 되고 우정이 되고 사랑이 되는 것 같습니다.

26.3 당신보다 나이가 많거나 적은 친구가 있나요? 우정에서 나이가 중요한가요?

가족을 제외하고는 거의 없습니다. 일단 대부분 나이 차이가 나면 한살 차이이더라도 한쪽이 다른 한쪽에게 존댓말을 써야하기 때문에 존댓말을 사용하는 것 자체부터 거리감이 조금 느껴지기도 합니다. 그리고 나이차이가 많이 나는 사람과 대화를 하다보면 세대차이가 느껴져 나이차가 느껴질 때도 있습니다. 그치만 우정에는 나이가 그닥 중요하진 않다고 생각합니다. 생각과 말이 잘 통하는 사람이라면 누구나 친구가 될 수 있다고 생각합니다.

5B 친구

26.4 당신보다 나이가 많거나 적은 친구가 있나요? 우정에서 나이가 중요한가요?

전 외국 친구가 있어요. 그 중 한 명은 저보다 3살 많아요. 그 오빠랑 술 얘기나 공부 얘기를 할 때는 나이 차이를 느끼곤 해요.
제 외국 친구들은 친구가 되는 데 나이가 중요하지 않다고 해요. 하지만 한국은 위계 질서가 있기 때문에 나이 차이가 난다면 순수하게 친구로서 보는 것에는 한계가 있는 것 같아요.
사회 생활을 하다 보면 약간의 나이 차이는 우정에 별 문제가 되지 않겠지만 저희 학생들에게는 한 살도 정말 큰 차이라고 느껴지거든요.

26.5 당신보다 나이가 많거나 적은 친구가 있나요? 우정에서 나이가 중요한가요?

없어요. 초등학생때는 한 살 위인 언니들과 걸스카우트를 통해 '언니'라고 부르면서 조금은 친하게 지냈었어요. 근데 중학교에는 선배를 어른 대하듯이 깍듯하게 대해야 한다는 문화가 있어서 되게 눈치를 살펴야했어요. 그 언니들을 불러야 할 때면 '선배'라고 불러야 했고요. 지금은 고등학생인데 고등학교에 오니 한 학년 당 학생 수도 많지고 서로 공부하느라 바빠서 자기 학년 친구만 사귀고 선배들이랑은 딱히 접점없이 지내요. 아무래도 학생이라면 나이가 다른 사람과 친해질 일이 잘 안 생기는 것 같아서 나이가 같은게 중요하다고 생각해요.

친구 5B

27.1 당신과 다른 문화나 나라에서 온 친구가 있나요? 있다면 어떻게 처음 만났어요?

네 저는 일본, 중국, 스페인 친구가 있어요. 어떻게 처음 만났냐면 제가 언어봉사를 했거든요. 해외에서 오는 유학생들의 통역을 도와줬어요. 3주 정도 했더니 자연스럽게 친해지더라고요.

27.2 당신과 다른 문화나 나라에서 온 친구가 있나요? 있다면 어떻게 처음 만났어요?

다른 문화나 나라에서 온 친구는 없지만 혼혈인 친구는 있어요. 그 친구가 지금의 제 베프고 예전에는 그 집에 갈때마다 다른 기분이고 처음 보는 음식이였는데 지금은 그냥 그러려니하고 갑니다.

27.3 당신과 다른 문화나 나라에서 온 친구가 있나요? 있다면 어떻게 처음 만났어요?

저는 어릴때부터 해외에서 산 시간이 한국에서 지낸 세월보다 훨씬 길어서 다른 문화에서 나고 자란 사람들과 많이 만나면서 살아왔어요. 아마 저의 첫 해외 친구는 초등학교 때 만나지 않았나 싶어요 ㅎㅎ

27.4 당신과 다른 문화나 나라에서 온 친구가 있나요? 있다면 어떻게 처음 만났어요?

일본인 친구가 있어요. 아일랜드에서 참여한 문화교류 프로그램에서 처음 만났어요. 방학 때 서울 혹은 도쿄에서 만나자고 약속했었는데 코로나 때문에 아직도 못만났어요. 그래도 페이스타임으로 계속해서 연락을 지속하고 있답니다.

5B 친구

27.5 당신과 다른 문화나 나라에서 온 친구가 있나요? 있다면 어떻게 처음 만났어요?

있습니다! 이모가 미국에서 대학교를 나오셨는데 이모 친구가 반은 한국인이고 반은 미국인이셔서 더욱 친해진 것 같아요. 그 분이 자녀가 5명이 있는데 첫째딸이 저와 동갑이라 5살 때부터 만났습니다 5학년 때 워싱턴에 있는 그네 집에서 생활하기도 했고 지금은 그렇게 친하지는 않아요.. 너무 어릴때라

27.6 당신과 다른 문화나 나라에서 온 친구가 있나요? 있다면 어떻게 처음 만났어요?

저에겐 아주 친한 두명의 국적이 다른 친구들이 있어요. 한명은 이탈리안 친구인데 대학교 1학년때 만나 지금까지도 서로를 항상 사랑해주고 응원해 주는 정말 소중한 인연이 되었지요. 또 다른 친구는 멋진 미드와이프로 세상을 빛내주는 스웨덴 언니랍니다. 미국에서 살때 같이 지내던 친구이고 친구보단 자매같은 사이랍니다. :)

27.7 당신과 다른 문화나 나라에서 온 친구가 있나요? 있다면 어떻게 처음 만났어요?

저는 21살에 호주에 혼자 워킹홀리데이를 간적이 있어요. 호주에가서 처음으로 쉐어하우스라는 곳에 들어갔는데 거기서 호주인 친구들뿐만 아니라 일본인, 대만인 친구들을 사귀었어요. 거기서 영어로 대화하다보니 영어실력도 많이 늘었고 그 영어실력으로 카투사에 붙어서 군생활도 계속 미국 친구들과 하며 친구들을 많이 사귀었네요ㅋㅋ

친구 5B

27.8 당신과 다른 문화나 나라에서 온 친구가 있나요? 있다면 어떻게 처음 만났어요?

음 스팅의 노래를 아시나요? 잉글리시맨인뉴욕? ㅎㅎ 그거같아요, 사실. 제가 다른 문화권으로 공부를 하러 가게 되면서 오랜시간 천천히 친구들을 만나게 되었어요. 지금도 국적-피부색-성격이 겹치는 친구는 단 한명도 없지요! 아 종교도요! ㅎㅎ 학교에서도 만났고 길거리에서도 만났고 일을 하다가도 만나고 펍에서도 만나고 그냥 어쩌다보니? 그 나라에 살다보니 알게된것같아요.

27.9 당신과 다른 문화나 나라에서 온 친구가 있나요? 있다면 어떻게 처음 만났어요?

제게는 한국에서 거주 중인 일본인 친구가 한명 있어요. 우리는 뉴욕의 어학원에서 처음 만났어요. 미국에서 어학원을 다니는 사람들은 보통 비영어권 사람들이잖아요. 그래서 제겐 일본인 친구가 많았거든요. 접할 기회가 많아서요. 하여튼 이 친구는 한국어도 ㄱ 부터 배워서 지금은 대화도 자연스럽게 해내요. 사실 한국과 일본은 비슷한 듯 보여도 많이 다르거든요. 그 친구의 용기가 저는 늘 대단하다고 생각해요.

5B 친구

28.01 친구 중 누가 좀비와의 전쟁에서 살아남을 가능성이 가장 높다고 생각하나요?

일단 나는 조심성이 부족하고 유연한 사고를 하지 못하는 성격이라 가장 먼저 죽을 것 같다. 내 친구 중 판단이 빠르고 리더십이 강한 친구가 있는데 그 친구가 아마 가장 오래 살아남을 것 같다.

28.02 친구 중 누가 좀비와의 전쟁에서 살아남을 가능성이 가장 높다고 생각하나요?

나는 내가 마지막까지 살아남게 될 것 같습니다. 좀비와 싸우는 사람은 영화에나 존재하는 것이지 현실에서는 숨어서 사태가 종결되길 기다리는게 최선입니다.

28.03 친구 중 누가 좀비와의 전쟁에서 살아남을 가능성이 가장 높다고 생각하나요?

제 친구 중에서, 좀비가 나타나면 어떻게 할지 항상 상상하는 친구가 있어요. 그 친구는 늘 그런 상상을 하니까, 좀비를 만날 준비가 되어 있어요. 그래서 실제로 좀비가 나타나면 살아남을 것 같아요.

28.04 친구 중 누가 좀비와의 전쟁에서 살아남을 가능성이 가장 높다고 생각하나요?

좀비와의 전쟁에서 주영이라는 친구가 가장 살아남을 가능성이 높다고 생각해요. 그 친구는 분석하는 걸 좋아해서 문제해결력이 뛰어나거든요. 분석력과 문제해결력을 바탕으로 좀비를 물리칠 전략을 잘 짤 것 같아요.

친구 5B

28.05 친구 중 누가 좀비와의 전쟁에서 살아남을 가능성이 가장 높다고 생각하나요?

제가 살아남을 가능성이 아무래도 더 높지 않을까요? 저는 지금까지 좀비영화나 좀비드라마를 많이 봐왔기 때문에 실제 좀비랑 맞닥뜨렸을 때, 상황에 더 능숙하게 대처 할 것 같아요. 반면에 제 친구들은 상대적으로 대처가 미숙할 것 같네요.

28.06 친구 중 누가 좀비와의 전쟁에서 살아남을 가능성이 가장 높다고 생각하나요?

음... 냉철하고 이기적인 친구가 살아남을 가능성이 높지 않을까요? 체력도 좋아야 하고요! 제 친구중엔 잘 모르겠네요. 우선 제가 빨리 죽는다는 건 알겠어요. ㅋㅋ 만약 저라면 무서워서 방 안에만 처박혀 냉장고에 있는 음식을 먹으며 생명을 연장하다 결국 아사로 죽거나 목매달고 자살 할 것 같네요.

28.07 친구 중 누가 좀비와의 전쟁에서 살아남을 가능성이 가장 높다고 생각하나요?

흠..저는 친구가 더 살아남을 가능성이 높다고 생각해요. 그 이유는 좀비에게서 살아남으려면 체력이 뒷받침 해주어야하는데... 저는 체력이 아주 약하고 근력도 없기 때문이죠 하하! 그리고 저는 달리는 것을 매우 싫어하기 때문에 그냥 가만히 있다가 좀비가 되지 않을까요? 부디 그러지 않았으면 하지만요..ㅠㅠ

5B 친구

28.08 친구 중 누가 좀비와의 전쟁에서 살아남을 가능성이 가장 높다고 생각하나요?

제가 가장 오래 살아남을 것 같습니다. 왜냐하면 저는 간호사이고 좀비 드라마를 아주 많이 봤습니다. 무엇보다도 겁이 아주 많아서 오래 살아남을 수 있을 거 같습니다.

28.09 친구 중 누가 좀비와의 전쟁에서 살아남을 가능성이 가장 높다고 생각하나요?

군대 다녀온 친구라면 누구든 살아남을수 있다고 생각합니다. 총을 사용하는 기술뿐만 아니라 도구를 만드는 방법, 지리를 활용해서 계획 및 작전을 짜는 방법에 익숙하기 때문이죠.

28.10 친구 중 누가 좀비와의 전쟁에서 살아남을 가능성이 가장 높다고 생각하나요?

저는 손재주가 좋은 친구가 좀비와의 전쟁에서 끝까지 살아남을 가능성이 있다고 생각해요. 일단 좀비가 되지 않으려면 자기 자신을 지킬 수 있는 무기가 필요하잖아요. 근데 한국에서는 군인이나 경찰이 아니면 총기를 가질 수 없거든요. 그래서 뚝딱뚝딱 무언가를 만들어내는 재주가 있다면, 적어도 주변 물건을 조합해서 무기를 만들 수 있으니까 좀비 세상에서 살아남을 확률이 높다고 생각해요. 게다가 살아있는 사람들을 모아서 마을을 구축할 때도 손재주가 좋은 친구는 여러모로 쓸모가 있잖아요. 폐허가 된 집을 수리한다거나 차를 정비한다거나. 그러니까 그런 능력이 있다면 마을의 중요한 힘이 될테니 아마 쉽게 그 친구를 죽이거나 버리지는 못하지 않을까요?

06 번역

06 번역

가족

1. What's the most important thing your parents have taught you? (pg. 34)

1.01 My parents told me to always do my best because you can't turn back time - don't regret it later.

1.02 They emphasized not lying, and living honestly. And also giving to others when you can.

1.03 My parents taught me to be polite. But honestly, I don't think I'm all that polite.

1.04 It's not something my parents taught me, but something I've realized myself. Today's me should try to become a little better than yesterday's me.

1.05 Winning means apologizing first. Do what you want to do. You can do it.

1.06 1. Be thankful for what you're given
2. Have good manners when eating with your elders
3. How to laugh things off before they get too serious

1.07 In our house, we don't rush, and it's important to take rests while doing things you have to do. So my parents have taught me not to push through everything all at once, but steadily do things bit by bit.

1.08 I think it'll be the same for other parents... they really emphasized "don't harm others." I'm feeling the pressure of this at the moment. I don't like being helped, or asking for help. It feels like I'm inconveniencing them.

1.09 They said you should exercise at least once in your lifetime.

1.10 Most importantly they taught manners. From small greetings, to respecting my elders and always being polite and respectful, even to my close family members. Thanks to this, I could become a person who is always outwardly mindful, and not just with my actions.

1.11
1. Always follow your dreams
2. Don't harm others
3. Always enjoy life
4. Don't keep painful things in mind for long
5. Try not to dwell needlessly on bad things in the past
6. Don't let anyone push you around

2. Do you have any siblings? Do you normally get along, or do you fight? (pg. 37)

2.01 I have brothers and sisters. When we were young we fought a lot, but now we don't fight at all and get along well.

2.02 I have an older sister. We fight a lot, because we're going through puberty, but even so, she's still my best friend!

2.03 I have a younger sister. We fought a lot when we were younger, but we don't anymore. Because it's hard to even see each other with how busy we are.

2.04 I have a brother who is one year older and we don't have a great relationship. It's been a few years since I left home, so it's been a while since we've spoken.

2.05 I have an older sister. We often argued when we were young, but now we don't have a lot of reasons to meet face to face, so we bump into each other less. haha

2.06 I have a younger brother. We usually get along fine but we fight every now and then. I get upset, but then I get over it and carry on with my normal life.

2.07 I have one older sister and one younger sister. We don't live together, and we don't talk often, but when we do meet we get along fine. I think we have a good relationship~

2.08 I have a younger brother, and although we don't always keep in touch, we check in with each other on the family chat group. :)
I recently had my first child, so the family chat has been more active lately.

번역 06

2.09 I have a sister one year younger than me. We wear each other's clothes and pool our money together to buy new ones. We share things we can't talk to our parents about, so we're pretty close.

2.10 I have a younger sister. We tend to fight about the little things, but we both like the idol group NCT, so we go to watch NCT movies together and go to birthday cafes together as well. And when one of us gets back from a trip, we buy each other something to eat and talk about the good webtoons we've been reading - so we get along well!

2.11 I have an older brother. There's a two-year age gap, and we fought a lot when we were younger. Our relationship was really bad, but then he went to college, went to military training, and prepared for his exams, and after 5 years I think things have calmed down a bit. Now we're just kind of indifferent. That's probably because we live apart and don't really bump into each other anymore.

3. What position in the family are you? (pg. 40)

3.1 I was an only child, and then I became the oldest. I went from receiving all the love and attention of my parents to suddenly having a sibling, so at first it was confusing, but I got used to it and it wasn't so bad.

3.2 I'm the second and youngest child. I think I was loved on a lot when I was young, but as I get older it's like... it was a bit uncomfortable because my family always treated me like a baby.

3.3 I'm the oldest. Korea is a country that puts way too much pressure on the eldest. So I think it's a heavy burden to have to carry. However, because we're raised with a lot of responsibility, it can be said that we're generally more responsible than our other siblings.

3.4 I'm the oldest. Ever since I was young, I was raised hearing: "you're the oldest, so when I'm gone, you're the mom." "Let your sibling have their way." So I think there were lots of times when I was alone and sad without my parents knowing. Like, "Why are you only saying this to me?"

3.5 I'm the second of two sisters. So I inherited a lot of my things from her. And since I'm three years younger, when it came to things I'd learn in school and experiences, I think I was able to get ahead of my friends who didn't have any older brothers and sisters. And when I was young, I really got bossed around, you know? By my sister...

3.6 I'm the first. My parents didn't exactly pressure me just because I'm the eldest, but I guess you can't be raised without those social and cultural influences. It was like this before, too, but I think the fixer in the house is me. In effect, when there's some family feud going on, I'm the one who's fixing it.

3.7 I'm the second child and the youngest. I think being the youngest has influenced me to some extent. I got concessions because I'm the youngest, and my parents and older sister did a lot of things for me, so now I don't really know how to do things alone.

3.8 I'm the second and youngest child. I can't say that it's had no effect at all. I couldn't make decisions on my own because I had an older brother. (Although It's not like that at all, now). But on the other hand, I'm better at doing chores. Since my brother hates it, and it was all left to me. Personality also plays a part, but I'm the best at checking and taking care of things in the house. And also, I feel like I got a lot of love because I'm the youngest, and the only daughter.

3.9 I'm the second and youngest, and I have the opinion that youngest children get the most love... and it's true that I did get a lot of love growing up, but I acted more like an older sister. Even now, my parents expect me to be the one to clean the house, prepare meals, all the things my older sister can't do. In Korea, parents often treat siblings differently depending on their age, and there are good things because of this, but I also think there are bad things you have to live with, too.

4. Do you think children are a blessing, a burden, or both? (pg. 43)

4.1 I think it's both. I don't think the blessing that children bring can be explained to anyone who hasn't had them. Though, I think raising the children is a big burden.

4.2 I do think it's a blessing, but I think it's a bit more of a burden. Because parents basically have to sacrifice themselves in order to raise a child.

4.3 That's... so hard (to answer)? But until now, with the exception of my mother, have I ever heard that children are a blessing? I mean, I guess everyone has a baby for a reason. I don't think I've ever head someone say, "I want to show my child this beautiful world - for their sake!" Maybe it's something people do for themselves? That's what I think. So it seems closer to a burden. Just my opinion.

4.4 Isn't it both? A precious new life is born. But at the same time, I think raising a well-functioning member of society is no easy task, so I also think that's a burden. Whatever it is, I think that parents who feel those blessings and burdens at the same time are super amazing.

4.5 I'm not sure. I guess if you've wanted to have kids for a long time, then of course it's a blessing. But if you don't want them, and end up having them, I think that's a burden. The cost to raise a child is formidable. And you have to spend a lot of time raising a kid, too. It'll become a huge burden to people who cannot put in the time.

4.6 Children are a blessing while also being a burden. People who want to have children no matter what don't seem to think too deeply about it. The responsibilities with it are incredibly important, and people need to prepare to meet the qualifications of parenthood. And even more than that, one of the problems associated with having children is that the women's final decision is the most important, so if a man is the first to say he wants to have children, it looks like he doesn't have a sense of responsibility.

4.7 Children are a blessing, but I think they can also be a burden depending on the person. From the mom's perspective, for ten months they can hug and bond with the child, but they also have to get used to the physical changes resulting from childbirth. Raising a child from birth to adulthood, feeding them, and clothing them, is time-consuming and expensive. But I definitely think it's worth it. Prospective parents just have to carry the responsibility to confront whatever happens in the future. If you have the mental and financial capacity to support your child, they're a blessing.

4.8 Personally, I think only prepared parents can raise their child as a 'blessing.' If you're raising a kid when the environment isn't good, and without being able to afford it, even if unintentionally, that child will inevitably feel that their very existence is a burden on their parents, and I think that can subtly harm the family dynamic. I'm a bit cynical about the world, so considering the political situations around global warming and Afghanistan... the future seems to look darker and darker, so I feel a bit afraid and guilty to birth and raise a child. Haha

5. Who has had the biggest influence on your life? (pg. 46)

5.1 My mom. She's my role model, so I'd hear stories about her school days, her college days, and her office days, and think, "I want to be like her."

5.2 I want to say myself. There are definitely limits to the people around me cheering for me and giving me advice. In the end, I have to rely on myself to overcome, learn from, and accomplish things every time without falling. And so when I look at where I am today, I can say that the person who's had the biggest impact on my life is me.

5.3 My older sister has influenced me the most. Since I went to the same primary, middle, and high school as her, I was able to get advice on the teachers, the school environment, and the exams during my school days. After becoming an adult, I got a lot of help with my career, too. She and I were the only ones in our family to major in science and engineering, so I was also able to get a lot of job related advice from her, since she entered the industry first.

5.4 An older guy friend from church. At that time I was a middle schooler and I wasn't adjusting well to school, I was having a hard time, and I lived far away from my friends, so it was a time when I couldn't really hang out with them… and then suddenly I wanted to learn guitar. But my mom told me we didn't have the money to send me to guitar lessons. I was disappointed, but then when I went out to eat with my family, they said that right next to the restaurant was my father's friend's church, so we went in for a bit. My dad's friend's son was playing the guitar, and my mom asked him to teach me.

So I made friends at church while I learned guitar for the first time, and things got better.

5.5 It was the hardest time in my life. I was really struggling mentally when I found Wanna One. Somehow I saw their stage performance video, and they were so passionate, while I was giving up on everything. I looked them up later, and seeing one of the group members working hard to achieve his dreams even though he was just a teenager made me envious, and I thought "if he can do it, why can't I?" And that feeling of inferiority got me back on my feet. At a time when no one else helped me, Wanna One - who motivated me through my inferiority and envy - are still the ones who have had the biggest impact on my life, and they still effect me even now.

5.6 The person in my life who had the biggest impact on me was my mom. All the routine things I do in my daily life, my way of thinking, my eating habits, etc; there were so many things I learned from her. I studied abroad from a young age, so the time I spent with my mom wasn't long, but I always kept in touch and tried my best to bridge the distance between our continents however I could. When I think about it now, I wonder how worried my mother must have been every day, having to send me abroad by myself when I was

so young. My mom got very sick after I graduated college, and it wasn't long before she passed away. It's already been six years now since her passing. Every day I still miss her very much, and whenever I run into issues in my life, or at work, I think to myself, "if I was her, what would I do?" and try to fix the problem. Because that's how much of an impact she had on me.

6. What's the most interesting story your grandparents told you? (pg. 49)

6.1 My grandmother was born into a wealthy family and a wealthy man was courting her, but her grandfather forced her to marry my now grandfather. My grandfather was of noble descent, but he had no real substance. After marrying him, she had a hard life because of her in-laws and my patriarchal grandfather. Nowadays she doesn't let it show, but I've often told her that I wish she could have lived a better life, even if that means that I wouldn't have been born. It's not a pleasant story, but I think it's an example that clearly shows the role and perception of Korean women in the past.

6.2 It happened when my grandmother was about 9 or 10 years old. She was working in the field when a bomb fell out of the sky. WHIZZ - BANG - CRASH!!! My grandmother said she and the

06 번역

others around her hid in a cave to escape the bomb. Not long after, another bomb fell right in front of the cave! It exploded right in front of their eyes. The crazy thing is, she said that after a while they got so used to the bombs that they would keep working in the fields even as they fell. It's more fascinating than funny, but it's the story I remember most. Here's a person who really saw the Korean war with their own eyes. It's a story that really made the war feel real, and not just a story in a history book.

6.3 One time when I was young, I went to my grandmothers house and she spent the day doing my hair. My grandmother told me this story about my mom when she was young, and to this day, whenever my family and I share stories, this one always comes up.
It all starts with what my mom and aunt did to my uncle. After my grandmother had cut my uncle's hair, she went away to do something else and my mom came up to him and told him his haircut wasn't even, so she would cut it herself with scissors. But as a result, the hair kept being cut unevenly, so she kept cutting it until his hair was very short. The funny thing about this story is that my older brother and I also played the haircutting game when we were young, and he used real scissors and cut my hair off, so it's so funny that the stories are so similar!

6.4 When I was young, I used to have this habit of biting my nails. I got scolded a lot by my grandmother for tearing off my nails no matter the time or place. One day I went with my grandmother to the biggest market in our neighborhood. I was running after her, biting my nails all the while, and I ended up with so many torn off nail pieces that I couldn't hold them anymore. So I quickly dropped them on the ground without her knowing. But my grandmother called me over and told me surreptitiously, "you just threw your nails everywhere - now a mouse is going to pick them up and eat them, then take on your appearance and find you in the night. That mouse is going to wear your clothes and eat your food instead of you. You're in trouble."
Young me scrambled around the market picking up my nails, bawling my eyes out, thinking that my mom and dad weren't going to recognize me and end up raising a mouse who had turned into a person. Later in elementary school, I got really mad at my grandmother because I found out it was all a fairy tale, and she didn't understand how scary it was because I thought it was for real. It was a long time ago, but when I think of that story she told me that day, it still makes me laugh a lot.

감정

7. Write about the time in your life when you were happiest. (pg. 75)

7.1 The birth of my sister made me happy. And when I held her for the first time, it felt like I was flying.

7.2 I'm the happiest now that I'm learning English, which I've always wanted to learn. It's really exciting and fun being able to talk to so many native speakers.

7.3 I enjoy cooking for my family and friends from time to time. My cooking always makes the people around me happy, right? But seeing them happy eating my food in turn makes me happy.

7.4 The time I spend with my family and my loved ones makes me happy. If I think about when I met my boyfriend in France, when we saw the beautiful night view of the Seine River, or when I traveled to Singapore with my family, the happy memories from those times come to mind.

7.5 I feel the happiest when I come home after work and lie on my bed in my room texting with my friends, or enjoying free time on my phone. Especially when the work I planned that day went smoothly, or even when the plan went wrong in the middle, but I handled it quickly and it was successful; on those days I'm especially happy.

7.6 The time I was happiest was when I traveled to Seoul with my friends for the first time. Going on a trip using just my own allowance was difficult, so I got help from my parents, but that first trip I took without my parents was a good experience.

7.7 I think I'm the happiest when I've achieved a goal I've always wanted to achieve. They might be trivial goals to other people, but they're really important to me at the time. I've lived my days with the sense of accomplishment that comes from things like being accepted to the place I wanted to go, or seeing a certain level of achievement, or consistently practicing something. Even if it's a very small goal, I think it's important to make a plan and implement it.

7.8 Not long ago, after a long time of worrying and feeling lost, I called my uncle to tell him that I was finally able to study what I had always wanted to. My uncle said "Well done, I'm so glad you ended up doing what I always wanted to do. I'm proud of you, and your late grandfather would be happy if he knew." I often tell my uncle things that are difficult to tell my parents, and again this time I received deep comfort and understanding, so I was really happy.

7.9 I think it's when I do things that I get inspiration from. For example, activities like playing the guitar, drawing, blogging, etc. It might be difficult making a career out of them, but those kinds of things give my life meaning. They made me feel alive. They might not look very impressive or cool to others, but we get happiness from more things than you'd think. Sometimes when I sit on the stairs looking around me while I take a rest, I notice the fallen leaves, people busily passing by, or flyers swaying in the breeze; I love that kind of thing.

8. What is something you're afraid of? (pg. 78)

8.1 I think it might be because I'm still a college student, but I'm afraid of the future. It's uncertain what the outcome will be, so I think even while I'm looking forward to it, I'm also afraid.

8.2 I'm afraid of the dark. One day I was washing up, and as a joke my friend turned the light off and locked the door. I was really scared then.

8.3 I'm most afraid when I feel like I'm falling behind, or like my career is failing compared to other people. In particular, what scared me the most was when I felt anxious that I might not be able to reach the place I was aiming for.

8.4 I'm afraid of failing. It's not that I want to be perfect, but when I've failed I don't want to feel like I'm the only one who couldn't get it done. For example, when my friends manage to do something I couldn't do, I get depressed.

8.5 Being alone. When I was young I was ostracized by my friends. Even if I wasn't a full-on outcast, I was subtly ostracized, and it was really difficult. Those kids ended up traumatizing me. Of course, they probably don't even know they did anything wrong. It's been two years, so I thought I was ok, but I cried a lot while watching a drama not too long ago.

8.6 I'm really scared of interpersonal relationships. What if they're offended by what I said last time? Does this person hate me? If I get angry right now, won't things between us get worse? There were times when I didn't want to say anything at all because I was worried about every little thing. I remember my friend comforting me, saying, "It's because you cherish your friends that much."

8.7 I'm scared of skiing. I don't like skiing, because when the ice quality is patchy and the slopes are uneven, it feels like I'll trip over the ice. Also, I'm afraid of failing and disappointing other people. If the way that others think of me doesn't match the way that I really am, they'll be disappointed in me, and I'm afraid they'll judge me, so I don't show myself entirely to people.

8.8 I'm afraid of having no choice but to step up because no one else will. When they tried to change the work shift system for the worse at my previous company, I tried hard to persuade my colleagues, but my efforts weren't enough and I met a lot of opposition. In the end, I couldn't agree with the system, so I had to voluntarily resign from the position of worker's representative. It took a lot of courage, and I'm afraid of facing another situation that'll make me stand up for something like that.

8.9 From a very young age we'd get questioned about our career paths or dreams. I'd look at the person waiting for an answer and just blurt something out. Even after choosing my major, I still worry about those things. Because even if they say my job prospects are bright, I'm not really sure. But I also think it's too late to change my major. When it comes to starting over I'm at a loss for where to start. These are the sort of things that have scared me. Of course, it's still like that now.

9. Are you satisfied with your life right now? (pg. 81)

9.01 I'm quite satisfied with my life. My warm house, kind family, and cute puppy are enough to make me happy.

9.02 I think it's still too early for me to be satisfied with my life. Because Korean students like me have too much to study to be enjoying life.

9.03 Yes! I've made a lot of good friends now. I also learned to get along well with people in class and how to hold my own. But I'm worried that I'll have to part with all my friends when I go to high school.

9.04 I don't think I'm at the point where I'm satisfied with my life yet. I still have a lot of things to do, things to learn, and things I haven't gone through yet, so I'm pretty inexperienced. When I become a mentally mature person someday, won't I be able to be satisfied with my life then?

9.05 I'm not particularly satisfied or unsatisfied. I'm still in the process of re-establishing my standards of satisfaction, so even I don't know if my daily life is satisfactory or not. But recently, I've been gradually getting interested in new things, and I'm happy with the idea that I'm changing.

9.06 I can't say I'm 100% satisfied, but I'm happy with a life like this without anything bad or any serious worries. Some may say that success and happiness means having a nice apartment, a nice car, good food and nice clothes, but I think that a life like mine without anything particularly bad is a happy life.

9.07 I'm satisfied with my life right now. Because right now, I have my parents and friends who love me, and I have good teachers. Plus I like to learn different languages, and I recently got to take a fun Spanish class. So I'm happy. Actually, above all else, I'm happy that I'm not busy these days.

9.08 The time I'm spending preparing to do what I want to do is really great, but preparing for unnecessary tests purely to prove myself feels like a waste of time. However, if I can prove myself to people as a result, then I think it's worth the investment.

9.09 I'm happy with my life right now and I'm enjoying it. I'm making good use of my own time, and I'm so happy right now in this moment. Even just a month ago, I was giving up my free time to study because of my huge goal - the CSAT. That was my saddest moment, and a time when I wanted to give up on everything, but now that I've passed that time and I'm enjoying my life, I'm so happy.

9.10 I like the story of San Woolim's Kim Chang-wan, who said

번역 06

that "life and mood are like the weather." If there are sunny days, there are also cloudy days, and there are times when it rains but then clears up too, so I promised not to let my emotions fluctuate too much. Accordingly, I try not to let myself stay in a bad mood. I think that's why I'm more grateful, satisfied, and able to enjoy my life now than before.

10. Talk about a time you were treated unfairly. (pg. 84)

10.1 I became a mom, and because of that, there have been times when I'm treated unfairly due to trouble with my kids. Even if you're just having a cup of tea with your child, everyone's eyes are on you from the moment you walk into the shop with them.

10.2 If you work part-time in your early twenties, you're still young, so you're often treated unfairly, and at the same time, it was often difficult to deal with it properly.

10.3 This is something I heard from a professor who used to be an executive of a big company. He said that in the interview, even if there are both male and female applicants, he would always choose the men even if their qualifications were different. Because women's marriage, pregnancy and maternity leave was a waste of financial resources. I asked, what if I don't have any plans to get married? He said that even so, I should still get married and have kids. His answer was totally ridiculous, but I pretended to listen and didn't argue back because I was afraid of our difference in status as student and professor. There are still a lot of cases in Korea where women are treated unfairly in employment for no valid reason. As the world becomes more gender-equal, I hope the people who believe that women's status is less superior disappear.

10.4 When I was 13 (non-Korean age) my teachers favored just one of my classmates. One teacher even ridiculed me for my work. At the time, I was too young and impressionable to argue about the unfairness. Even though I was being treated unfairly, I somewhat regret not being able to oppose it.

10.5 Immature adults tend to disregard younger people. I've also experienced that. When a young-looking client came in, they just responded with an exasperated, condescending look. It's an upsetting memory for me in many ways, so I've decided to never act like that.

10.6 It's not a big thing yet, but I think it's a little unfair that there's a difference in our prospects according to what we do well. I'm good at English, but I've found that you can make more money if you're good at math. But if what our society needs more is math skills, then I think it's pointless to be angry over the unfairness.

10.7 I was vacationing somewhere and when I took a taxi, the taxi driver ripped me off. I was thinking "when I looked at the map it wasn't a very expensive trip, but I guess it was father than I thought, I guess the taxis here are more expensive..." Later I asked my friend about it and they said I paid almost twice the usual fare. I was really annoyed, but it was so long ago there was nothing I could do about it, so I was really sad.

10.8 When I went to the Philippines when I was young, I visited the zoo. I liked snakes, but the zookeeper didn't give me a chance to touch the snake because I was a girl. That opportunity went to a boy, who got to touch the snake and then got a snake toy afterwards. I wanted to touch the snake and get the toy, but because I was a girl I didn't get the chance, and I thought it was really unfair.

11. Do you think happiness is a choice? (pg. 87)

11.1 Yes. I think whether you're happy or not depends on your mindset. However, the process of realizing whether you're happy depends on the environment; sometimes it's easier, and sometimes it's more difficult.

11.2 Everything is up to you to decide. My happiness is not given to me by other people, it's something I create for myself. I think that following your happiness is a good way to avoid having an unhappy daily life!

11.3 It could be an inevitability or fate, but I think most of the time it's a choice. Because you can 'choose' to eat the food that makes you happy, or 'choose' to see the movie, or the person, that makes you happy.

11.4 In my opinion, happiness is not a choice. Not only happiness, but all emotions come to us according to the situation. We just have to learn to accept them and let them go according to our circumstances and needs.

11.5 Sometimes happiness is something we can choose, but sometimes it's something we can't choose. Thinking that you're basically happy might be possible just by putting in the effort, but if you don't really feel that way, your body sends you signals that it's not happy, so giving a clear answer to this question is difficult.

11.6 Yes. I think happiness is a choice. When I'm feeling uneasy in a bad situation, I can change my feeling to a happy one by thinking good thoughts. But me meeting good parents, friends, and teachers is all luck. So, I think happiness is a choice, but each of us has things that we cannot choose.

11.7 It's written in the Constitution of the Republic of Korea that 'everyone has the right to pursue happiness.' Here, the words 'right to pursue happiness' mean to be able to choose happiness. In other words, happiness is a choice. I feel the same way. The world may be full of people who want happiness, but couldn't there also be people who don't?

11.8 I'm not sure. If you have enough opportunities, I guess happiness could be a choice. But, if the environment around you could never be happy, then no matter how hard you try, how could you ever be happy? It's not like we're saints.
Recently on an anonymous app I talked people down who wanted to die. For most of those people happiness was not an option. I think a person who asserts that happiness is a choice can't understand what they haven't experienced.

11.9 I think happiness is a choice. And I think it's a very simple choice at that. I think the choice we have to make is between these two: "Will I live a happy life, or will I not live a happy life." If you look at it this way, you might say, "Isn't that a very easy question? Who doesn't want to live a happy life?" What I want to talk about is a positive and a negative attitude. There are many people with a mindset where they hate even the smallest things, and even when happiness comes, they can't accept it properly. Conversely, I've often seen cases where positive people have the mindset to accept anything, and even unhappiness turns into happiness.

선호

12. If you could time-travel, what time period would you want to travel to? (pg. 110)

12.1 I think I'd go to the Goryeo Dynasty. Compared to the heavily documented Joseon Dynasty there aren't many records of the Goryeo Dynasty, so I want to see the culture of Goryeo with my own two eyes.

12.2 I want to go to the future. I want to go to the future and see how the world has changed. I'm curious if better days await us due to developments in technology, or if worse days await us due to the widening wealth gap and environmental pollution.

12.3 Well... it might not be the answer you want to hear, but even if I could time travel, I don't think there's any time I'd particularly want to travel to. Reason being that the characteristics of that time - for example words or laws, people's lifestyles (their necessities of life) - would all be different, and if I went to the past with my modern way of thinking and my habits, considering extremes like death, war, etc. - it's obvious what would happen, so I just want to live contentedly in the present day. Plus, if I went to the future, electronics we use now like phones and computers would disappear, and they'd develop simpler devices to use, and confusing things like that make me reluctant to go, so I don't want to time travel at all. (To add a bit more, I also don't want to go to the future because I don't want to see the death of my loved ones. wink~)

12.4 If time-travel was possible, I'd want to go to the farthest future. Actually there are a lot of questions I want to know the answers to. Our brains, the deep sea, space, and aliens - there are lots of things that can't be perfectly explained with modern science. Because of this, I want to travel to the farthest point in our future and see how many of these questions get answered. Wouldn't the people of the future know a lot more about the universe and the deep sea?

12.5 If I could travel through time, I'd like to go to the Goryeo dynasty. Korean people usually regard the people of Goryeo as brave, and I think that Goryeo was a country that really inherited the spirit of Goguryeo. Also, when we think of hanbok, we usually think of the Joseon dynasty, but I'd like to see the Goryeo hanbok firsthand, and confirm for myself how they're different. Moreover, I think it's a really valuable chance to experience the lives of our ancestors and the rich customs of our long history.

12.6 The construction of the pyramids, the Library of Alexandria, a naval battle at the Colosseum. That's all I can think of at the moment.

12.7 I want to go to the period of the Three Kingdoms. There's Baekje, Goguryeo, and Silla, and each country has its own distinctive characteristics. I want to visit all three countries and try their food and traditional clothing. If I'm lucky, I might even be treated like an honored guest. Especially in that era, there are some particularly great people I want to see. I really want to meet the brave King Gwanggaeto in Goguryeo. In Silla, I want to see Kim Chun-chu, General Kim Yu-shin, and Queen Seondeok. I also want to see the making of Seokguram. I want to see King Uija, who had three thousand maids in Baekje. Also, the precious metals in Baekje were rumored to be very beautiful and delicate, so I'd like to take one as a souvenir.

13. Write about a super power you'd like to have. (pg. 113)

13.1 I'd like to have teleportation. Other people would probably think of it as a way to travel the world, but not me. Commuting to college is just so annoying... It takes less than an hour, but the Korean subway system is so exhausting. So I'd like to teleport to school in under a minute.

13.2 I want the ability to control time. Whenever I want to I'd travel back in time to the past, or fast forward to the future. If I make a mistake at work I'll go back in time and fix it, and if I don't have enough time to study I'll turn back time and finish covering all the things I wanted to study.

13.3 I think it'd be nice if I had the ability to teleport. Because all the time taken up by moving is such a waste. Even when you take a plane you buy your ticket, pack your bags, go to the airport and check in, and even the time it takes to board the plane is too long. And I'm a person who just isn't very good at waiting.

13.4 I wish I could have a magic pocket that wells up with money. If I had that, I think I could live my life doing the things I really want to do.

13.5 I wish I could turn back the age of an object. I mean the ability to change something broken or faded to it's former state, back to how I remember it. If I had that ability, I don't think I'd be afraid of the passing of time.

13.6 The power to not require sleep, the power to memorize anything if I see it once no matter what it is, the power to concentrate for 24 hours straight, and the power to make multiple copies of myself. Because nowadays almost all us students are really stressed from our studies, so I'd make copies of myself and for 24 hours one would study math, one would do Korean studies - I'd make one for each subject like that, and then I'd have one just chill. I'd totally ace my tests for sure, and like, then I wouldn't really be that stressed about my studies.

13.7 The superpower I want is healing. I wish I could use it both on myself and the people in my life. I'm already quite interested in safety and health, so a healing ability is the one I most want to receive. It also seems like there are particularly a lot of incidents happening in my area. Someone collapsing in a subway bathroom, someone in front of me at a concert fainting, etc. I think I'm more interested in safety because I've had so many things to call 119 for. However, since it doesn't exist, I guess I'll just have to get health checkups often and prepare to get my first aid certificate.

13.8 I want the ability to stop time. Isn't stopping time a really appealing ability? You can experience a world that's all your own. And in today's modern world where time management is so important, I think being able to make your own free time is a total life hack. Haha. Because when I'm tired, I could stop time and sleep, or when there's something dangerous going on, I could stop time and get out of there. I want it more than any other ability. And it'd be even better with the condition that my body isn't affected by the passing of time when time is stopped. Aging quickly is the worst.

14. What would you do if you won a million dollars? (pg. 116)

14.01 I would save $700,000, and out of the remaining $300,000, I'd give $100,000 to my parents, donate $100,000 and with the other $100,000 I'd want to eat delicious things.

14.02 I want to study abroad in France. It's my dream right now. I want to study abroad, learn a bunch of different languages and meet lots of different people.

14.03 Even if I got a million dollars, I think I'd keep living like I usually do. My life would be the same as before, but now that I had something to rely on, I think I'd be able to deal with any problems that came up without getting anxious about them.

14.04 First I would buy a house. House prices are expensive these days so buying a house is difficult, so I'd buy a house first, and if I have money left over, I'd like to give some spending money to my parents. But in reality, if I bought a good apartment in Seoul, I don't think I'd have any money left over.

14.05 If I had a million dollars, I'd want to travel the world. I'd go to all the various countries that I've always wanted to see, but for time and economic reasons, I never could visit. I'd like to stay in different cities, enjoying their individual charms just as if I was a person living there.

14.06 I'd like to buy a house and study abroad. And I'd like to donate some. I'm a student who is currently studying because I want to become a doctor. If I had a million dollars, I think I'd invest it in my future to achieve the dreams I've put on hold. And I'd like to share my good fortune with people in need.

14.07 First of all I'd set up a cafe for my mom, and then I'd want to quit my baking academy and help in the shop. I'd also buy up all the books I want to read and study with them, and I'd like to make lots of memories traveling overseas with my family. And

번역 06

after that I'd like to build a house just for me and move out.

14.08 If I got a million dollars I would run to the car dealership. Which dealership, you ask? Porsche, of course. A Porsche has been my dream car ever since I was a little kid with an interest in cars. Their cute frog-like appearance and their insane performance capabilities blow my mind.

14.09 First, I'd save about $700,000. Because suddenly getting an amount as huge as a million dollars and then spending it all at once is scary! And then with the remaining $300,000, I'd invest or buy bitcoin... Having done all that, with the remaining money I'd like to do all the trivial daily things I've been wanting to do - without worrying about money. Especially eating good food..!!

14.10 If I got a million dollars I think I'd blow about $10,000 first, and then I'd invest in stocks. I'd like to give my mom and dad each $100,000. And I'd also buy the albums of the idol group I like. I'd like to buy a house if I could, but house prices are so high that I don't think I'd be able to buy one in Seoul. :(So my goal would be to increase my money through stocks. And I'd give small gifts to my friends, too!

15. What would you do if you could stop time? (pg. 119)

15.1 Rob a bank... (if there's no CCTV) lol

15.2 I'd want to stop time and study everything up through senior year, then get an A+ in the rest of my classes.

15.3 Every time I speak, I'd stop time so that I can think. I think If I did that, then I wouldn't say the wrong thing.

15.4 If I could stop time, I would go to North Korea. I'd be able to see directly, without filters, a place that I've only seen on television or in newspapers. Safely.

15.5 If I could stop time, I would want to relax comfortably for as long as I like. Wouldn't a true break be a guilt-free break? Because I'd be wasting time, but I wouldn't have to feel the 'pressure to get ahead' to the same degree that other people do.

15.6 On days when I don't want to work, I'd stop time before leaving for work. Because then I could enjoy a few hours or days of free time alone doing whatever I wanted. Play as much as I want, rest as much as I want, and then when I'm ready, I'll start time again and head to work. Then, wouldn't even working get a bit easier, too?

15.7 Shoot - I already answered this on the super powers question, so I'll keep it short! During exams you'd be able to cheat a little, and you could also take extra time for yourself or avoid danger. When you want to make precious moments last a bit longer, you could also pause time for a bit and savor the moment~ It's an appealing ability in many ways!!

15.8 If I could stop time, I'd want to stop it during moments I wish to remember. For example, during the afterglow of a concert, or... you know, things like that. I'd want to slowly take in my surroundings and remember them for a long time. Or I think it would be cool to go to famous tourist spots and take time exploring them by myself! If I was to use it for a nefarious purpose, I'd want to stop time during an exam and check my books... because it's an exam I guess... :'(

15.9 If I could stop time, I would go visit the places I can't usually go to. One that immediately comes to mind is North Korea. My parents have been to Mt. Geumgang and Mt. Baekdu before, but now there's no way to go to North Korea at all. Having heard my parents' stories about Mt. Geumgang and Mt. Baekdu, I really wanted to go there, so it's a shame. Before stopping time and going to North Korea, I'd want to take letters from North Korean

06 번역

defectors. And I would check that the families of the defectors are safe.
++
If my favorite band came to Korea and I couldn't get tickets, I might want to use this ability a little bit then, too.

16. Try writing a letter to your future self. (pg. 122)

16.01 Save you money and be good to your parents. Be kind to the people who matter to you, and I hope you take good care of yourself!

16.02 Hi, it's me. In the future, I hope you take care of your health, don't get sick, and be happy!

16.03 Hi future Ah-in, I'm you from the past. I hope you've become a bit of a better person in the future. Did the diet work out? If not, did you get good grades? Even if you haven't accomplished anything, that's okay. You've tried hard to make it in this difficult world, and you will have achieved things, even if they're small. Have you made new friends? I hope things are going well with them. Did you make up with your old best friend since you've drifted apart? I haven't talked to them in the present because I'm too much of a coward. If by chance you haven't made up with them by the time you get this letter, I hope you call them right away and get back in touch. Because they mean a lot to me. And you mean a lot to me, too. I don't know what you're up to in the future, but no matter what anyone says, I hope you're not too hard on yourself.
- Ah-in from 2022

16.04 Hi, it's the you from 2021. Are you living the life you dreamed of? I'm a senior in high school now. Back when you were studying for your university entrance exams. There's only a few months until the test, so I'm miserable and I'm really worried. But I think the idea of a future where I've overcome everything and gotten good results is giving me strength. I'm sure you have a lot of your own worries, too. I hope you don't lose hope when things are like that. We can do it!

16.05 Hi, it's me... There's probably no way you're really able to read this, but I'll try writing it anyway. I'm curious what you've been up to. Because the current me hasn't decided anything! I'm lost and unsure, just blowing this way and that like a leaf in the wind. I want to grow into a strong tree, but it's hard. I hope I become a stronger person. Time is slipping by without me knowing what I want or what I'm hoping for. I've seen it before - people who spend their time well, building it up, and people who waste their time, throwing it away. I want to build up my time, too. Bit by bit. I want to be be awesome. Someone who shines. When people do what they love, they shine... could I be like that, too? I hope you find what you want. I'm rooting for you.

16.06 Hi! Are you doing okay? Your dream was to live by the ocean... are you living somewhere you can see the ocean? Um... I don't know what life is like for you in the future, but I hope the people in your life are healthy, and I hope every one of them is happy. Myself included, of course. In order to do that, I guess I have to live life to the fullest! I'm going to do what I can so that you can live happily and healthily. Let's live our best life. ♡
Well, that's all! Take care and I'll be there soon! Let's laugh about it together then!! Bye!

16.07 Hello? Future Min-yeong, did you achieve your dreams, and are you living well? In your twenties, you've been hurt a lot by confusion and immaturity, but I hope you've moved past it and grown into an awesome adult. Are you helping people that need it? Has the world you live in become a better place to live than my current one?
There are so many things I'm curious about, but what I want to say is, I hope you're living without regrets. I hope you live by taking care of those around you, contributing even just a little bit to the beauty of the world, and

spreading kindness to others. Thank you and I love you.

16.08 Hello? I guess if you're still alive, then you're reading this letter, right? I just hope you're living a happy life. Don't worry too much about others, and just be yourself; you're the master of your own life, so I hope you're living it to the fullest. I trust that you've done well up to now! Continue to trust yourself in the future and stay strong!

16.09 Hello...? What are you up to these days? Did you get a job? Married? Right now I'm waiting to start college. I've just entered adulthood and It's thrilling - I want to carry this feeling with me for a long time. You're doing well, right? I hope you've got your life planned out well. You've done a great job. Please take care of me in the future, too!!

16.10 Hi, future me. What are you up to? I'm not sure how many years from now you are, but I'll just say 10 years. It's exam time now, but I'm playing around because I don't want to study. Even so, I'm sure some things have happened, right? Your dream was to become a stage director, you know. Did you graduate from The Graduate School of Performing Arts? I hope things are going well at University and you're studying Swedish hard. Right - you must have already returned from your student exchange trip to Sweden.

How was it? Did you like Sweden? I hope you made lots of good memories. By chance, even if you end up in a job or a place you don't like, I hope you always try your best wherever you are. Have a good day. You can do it.

연인

17. What is your ideal type? Have you ever met someone like that? (pg. 154)

17.01 Someone who always shows that he cares and makes me feel loved. Someone who runs to see me when I say I miss them, and lends their shoulder when I want to rest my head.

17.02 I like a person who's kind. Someone who doesn't take the things I do for them for granted, and doesn't make a big show of the things they do for me. I like someone who's humble and laughs a lot.

17.03 My ideal type is someone fun who likes exercise! I met someone like that once, but since it was in middle school I never even thought of confessing... I'm sure I'll meet someone like that again, right?

17.04 Someone who is kind to both adults and children, has similar values to me, and we can get along comfortably like friends! No :(I haven't met someone like that yet, but maybe I will someday?

17.05 My ideal type is someone with double eyelids, a high nose bridge, and skinny!! Every time I introduce my boyfriend to my friends, they always tell me he looks like my ideal type! Maybe that's why these days I'd like to try meeting some different people!

17.06 On the outside, my ideal type is someone with mono-lid eyes, broad shoulders, and a deep voice. A person who's kind and loves animals and children. Someone who always says 'I love you' once a day. Someone who doesn't confuse me. I'm seeing them now.

17.07 I'm a bit picky about my ideal type, but... hahaha
On the outside it's someone big as a bear with a nice smile! And on the inside, someone kind with a big heart? Rather than someone who's childlike, I'd like a person who's adult and mature - someone I can count on! I haven't met that person yet, maybe because my ideal type is so particular... Haha

17.08 My ideal type when I was younger was someone with thick thighs. I've met many people like that, but I can say that my current boyfriend is as far as you can get from that ideal type. It seems that my ideal type isn't fixed for life, and it changes as I grow up.

17.09 I haven't met them yet, but my ideal type is thoughtful, polite, and they're someone I can learn something from. Someone who respects adults and knows how to love children and animals. I hope they're someone who can cherish me. I think inner beauty is more important than outer beauty.

17.10 I'd like a person who doesn't drink or smoke!! I'd like them to be taller than me, and it doesn't matter if their skin is good or not, just a man who makes an effort to take good care of his skin! Truthfully it'd be nice if he's handsome... haha. It'll be hard for me to find that in this lifetime, huh...? So putting the issue of handsome or ugly aside, I think it'd just be nice if I don't feel embarrassed when we go out together!!

18. Try talking about your dream first date. (pg. 157)

18.01 I'd like to go to an exhibition or a show. If you go to an exhibit on a first date, wouldn't it be really memorable? And while chatting about the pieces you can also naturally find things in common.

18.02 I think an amusement park is the most ideal place for a first date. It's ideal because you can go there and ride the rides together, take photos, and have fun together all day long.

18.03 There's no such thing as a perfect place for a date, but even so, I like the option of meeting up in the afternoon, seeing a movie, having dinner, and going to a cafe, but then going out for a light drink, and going our separate ways. I think It'd be even better if we could snap some photos at a photo booth and take a short walk.

18.04 My ideal first date...
I want it to feel like complete destiny, to the point that it feels like anyone who sees us will think "they must be a couple," while we flirt and do things like see a movie, eat, go to a cafe, and go to an arcade for a bit. I want to hold hands and head home like that.

18.05 I think it'd be nice for just the two of us to go to a movie theater and see a movie that looks good!! If we both like food, I think it'd even be nice to book a room and order lots of food to eat like a buffet lol. And when we talk, I think it'd be nice to go somewhere like a cafe to try each other's drinks while we chat!!!

18.06 When it comes to my dream first date, I think it would be like a miracle. Miracles are envied, but that's because they're such a rare occurrence. Meeting an unexpected person in an unexpected place; the mysterious experience of having a sense of familiarity in a place you weren't familiar with, and the unforgettable feeling of that day - Is there anything more miraculous than that?

18.07 I'd like to go to a perfume studio and make perfumes that match each other's image, go out to eat, then go to a cafe too, and also make couple rings! The rings would be even better if they were engraved with our initials :)

18.08 I'd like the first date to have a warm, friendly atmosphere. We'd meet up to eat delicious food just like a regular couple, drop by a cafe to have a warm drink and sweet desserts, and it'd also be nice to go to a movie we wanted to see, or an exhibition we wanted to check out. And at the end we'll walk along a pretty street before parting ways - I'd like to have that kind of simple, yet sweet date.

18.09 Each person is going to have their own image of what they want. When it comes to dating, it's not just about 'my date' it's about a date for 'me and you', so I'd like to do something that the two of us could enjoy together. In my most recent relationship I did what I wanted to do, then just worried if my partner was ok... :(
I think it's better to talk about it with the other person.

번역 06

18.10 No matter what kind of date I go on, I hope it's one where we can hold hands, and have a comfortable conversation while looking into each other's eyes. Not one where we're forced to doing things we don't like, but one that makes both parties satisfied. I think my ideal date isn't about exactly where I want to go or what I want to do; it's about the moments where I'm happy with the person I love.

19. Have you ever had a long-distance relationship? What are the advantages and disadvantages? (pg. 160)

19.1 I think the strength of long-distance dating is that you start to really value each other's communication. Since you can't see each other, just a text or a phone call becomes precious, right? I think the unfortunate disadvantage is that meeting up just isn't easy. Not being able to see them when you miss them. That's the really hard part.

19.2 I've had a long distance relationship between Busan and Daegu. In a long distance relationship it's not easy to meet up whenever you want, so when we did meet, some things were more fun because we were so eager to be together. But on the other hand, I think you fall out of love, or your eyes stray to other people because you can't meet up. It doesn't seem like it's a relationship you can keep doing for very long.

19.3 I think the upside is having more time completely to yourself. The sight of her coming to my city to see me when it's been a while is as beautiful as ever, but the moment she disappears into the train the city is completely mine once again. But the departing train is the reason my city is lonely. I guess that's the downside of the past love that had me aimlessly waiting around.

19.4 I am right now! It's nice that I can concentrate a bit more on work, but as you'd expect, I think not being able to meet often like other couples is a huge downside. And even if we have a conflict we can't see each other, but I hate fighting, so there are lots of times where I try to just let it go.

19.5 I think long distance and short distance both have their pros and cons. We grow fonder during long distance, and it's nice that we always try our best when we do meet, but even so, we aren't able to meet and talk in person when we have a fight, and it's really frustrating, so I think it's difficult.

19.6 The longest distance was, um, 45 minutes one-way? That's how much I love short-distance relationships.
But even in a relationship of that distance there were a lot of sad things. First of all, not being able to see them when you miss them! Even if I say I'll go, there's a high possibility the other person is going to dissuade me... Second, I worry :'(I get so scared because we can't be together, and I feel like I can't express that I always want to be next to them.
As for the positives, when I do see them my happiness gets multiplied several times over? Haha
But I still like short-distance relationships.

19.7 I've tried international long distance. It's hard. On the plus side, I was able to act more freely than I thought. I was able to turn all the time I would've had to spend meeting them into time for myself. Also, we grew a little bit closer. Like the saying, "don't take the ones you love for granted", it made me realize once again all the precious things I had grown accustomed to.
As for the downsides, I didn't know what I had until it was gone, and then I really felt the absence. To talk on the phone, we had to adjust to the time difference. When the body is far away, so too is the heart - out of sight out of mind.

19.8 For some reason, it seems I've had a lot of long-distance relationships. Long distance did make the heart grow fonder, and at the same time, not being in contact also made us anxious. Long-distance is a relationship where the pros and cons are really noticeable. On the plus side, you can have a lot of time to yourself and spend less on dates. On the downside, you can't see each other right away when you miss them, and you can spend a lot of time going back and forth. When you're long-distance, there are three things that are most important in my experience. Phone calls (keeping in contact), consideration, and trust. From the moment even one of these three things goes wrong, the relationship will become very difficult.

20. If you were dating someone and your parents opposed your relationship, would you break up with them? (pg. 163)

20.01 My parents aren't people who readily oppose things, so if they did oppose them I think I would start with asking why! And then one of two things will happen, either they change my mind or I change theirs, right?

20.02 I wouldn't be able to break up. Because my parents and I are different people, and something that others see as a negative could be a positive for me. I intend to follow my own prerogative.

20.03 No! It's my relationship, not my parents' relationship. I would listen to their reasons for opposing it, but I don't want to break up because of my parents' opinions. Even if they forced me to break up, I think I'd meet them in secret.

20.04 I think I could convince my mom and dad otherwise! They say that parents always end up giving in to their kids, right?? If they oppose it, well, I would tell them not to worry too much since we're just dating!! But really, I'm not thinking about getting married. Lol

20.05 First I would listen to their reasons, and if they were valid reasons I guess I'd have to think about it! When I date, I get blinded by love, so... it can be hard to get a good read on the other person! But if they're only vaguely opposing it without any good reason, I wouldn't break up with them.

20.06 Actually I've never even imagined that my parents would oppose my partner. Since my parents and I are totally cool when it comes to dating. I think the reason they don't interfere at all in my relationships might be that I didn't stop them when they split up.

20.07 If my parents opposed my relationship, I would tell them the reasons why that person should date me and show them how much we like each other. If they're still against it, I think I'd have to break up with them unless it was some completely absurd reason. Because I'm not interested in being in a relationship that other people are discouraging me from.

20.08 I haven't experienced anything like this yet, and my last boyfriend and I didn't break up because of parental opposition, but if my parents did oppose someone I think there'd probably be a good reason. I think if they were opposed, I'd try to think about why, and I would try to think about my situation and the tendencies of the person I'm dating. I've never gone through this before, so I don't know if I'd be able to break up with them.

20.09 Omg... are you testing my Confucianism..? But as a Confucian girl, I think my parent's reasons would be justified. From their years of experience, I think they would be able to feel when something was off... But if we weren't seeing eye-to-eye during the conversation, and I wasn't convinced, then I think I would keep seeing them. Parents always give in to their kids!!!

20.10 I have no intention of breaking up with someone I love based on another person's words alone. If my parents were against it, then there must be a good reason. Since their opposition is based on their concern for me, I don't think I could say anything to them. But still, I don't want

번역 06

to decide who I'll spend my life with based on another person's choice, so as long as I love them, I don't think I would break up with them.

21. What age do you think is too young to get married? (pg. 166)

21.1 If I think there is an age that's too young to get married, I'll probably sound like a boomer, and if I say I there isn't an age that's too young to get married then I'll probably get criticized as unrealistic. If I had to choose, whoever it is, wouldn't they be too young until they're at an age where they understand their responsibilities?

21.2 Under 28, since I think the age you should be worrying about it is 29. You're still getting established in society to some extent, and you have to meet someone when you're in a stable situation with a steady monthly income. If you were to thoughtlessly get married then regret it later, I think it's really disrespectful to yourself and to your spouse.

21.3 There isn't exactly an age I think is too young to get married, but... I wish that minors, like high school students, would make their decisions a little more carefully! These days it seems like high school marriages are increasing because of teen pregnancy...! This is TMI but I'll get married when I've enjoyed everything there is to enjoy and I have no regrets! Lol

21.4 I think that anyone under 28 is young. I think it takes five years for young people to become adults and get used to society. I think once I get used to taking responsibility for myself, and I've gained an upright and honest mindset, that's the moment that I can bring others into my life. Either way, one's experiences will be important. Moreover, there are experiences one can only have in their early-to-mid twenties. There are more constraints once you become responsible for someone else, so I think it's good to get married in your late twenties.

21.5 Minors! No matter what, they still lack the ability to make judgements, and their thoughts are literally still young.. so I absolutely oppose it for them!!But that being said, if we're talking about getting married too young... When people I know in their early twenties say they're getting married, instead of "congratulations," my first thought is, "why?" They might be getting married because they truly love them, but in this judgemental Korean society... Well, it'll be ok as long as there's no kids right?... But still, considering that in Korea the average age for men and women to get married is now in their thirties, I think your late twenties is a good(?) age to get married.

22. Do you believe in love at first sight? (pg. 168)

22.1 Yes, I believe in it. Personally I think our eyes are the most important thing. When I make eye contact with a man, I sometimes feel that 'tingling' feeling. I think that's falling in love at first sight.

22.2 I believe in the love at first sight. Because your first impression of a person contains a feeling of the life they've lived.

22.3 No. Falling in love at first sight is just my projected expectations of that person, not a reflection of their actual self.

22.4 I believe it. The time when, as soon as you see her, you think about only her and nothing else. But after that, you have to make a move to get her to like you. Also, even if you didn't know it at first, if you keep thinking about them after that first meeting, isn't that falling in love at first sight?

22.5 I think there is love at first sight to some extent. Because one day in elementary school, I saw this super pretty girl for the first time, and really as soon as I saw her I fell for her? Based on that experience, I think falling in love at first sight is really possible.

06 번역

22.6 I've fallen in love at first sight. But I don't think the good feeling from love like that lasts very long.

22.7 Yes. Destiny... I also believe in that! But I think that love at first sight only happens to people who have a really clear ideal type or are hopeless romantics. If I like someone kind, I might fall in love at first sight by seeing someone's good deeds, and if I like someone good-looking, I also might see a good-looking person and fall in love at first sight! I think love at first sight is such a romantic story. A meeting that's like destiny!!

22.8 I don't believe in love at first sight. Since I've never had that experience, myself. In my case, I examine the ordinary behavior of the people around me, like their words and actions, and rather than taking a liking to someone straight away, I think I'm the type who warms up to someone as I slowly get to know them.

22.9 I don't believe in love at first sight. Because you might be interested at first sight, but emotions can't bloom all at once like it's destiny. Just like how relationships form from countless overlapping chances, I think love is like wet clothes in a light rain - without you even realizing, it slowly seeps in little by little - until one moment at last you realize your feelings. Perhaps people will tell me that I think this way because I've never experienced love at first sight. Among the many people in the world, of course there are people who meet by chance and fall in love, like in the movies. But I'm a person who believes that love grows to the extent that your time together grows. Maybe that's why falling in love at first sight feels like an unrealistic magic spell to me.

친구

23. How did you meet your best friend? (pg. 191)

23.01 I was in the broadcasting club in middle school, and we met for the first time because we were both accepted into the club!

23.02 I love movies. And my best friend also loves movies. So that's how I met my best friend.

23.03 We met after we entered middle school. One kid was all by himself so I was like "let's go get some food," and after that we got closer and became best friends.

23.04 We met in high school. Since we were in the same class. You see your classmates every day, you know? So we had no choice but to get close.

23.05 I have several best friends, but what we all have in common is that we met at school. Two of my closest friends went to the same elementary school as me, so we've been friends since we were 8, and one of them goes to college with me. :)

23.06 We met for the first time at a summer camp when I was in middle school. It was a month-long jangi (Korean chess) camp, and since we were all kids around the same age there without our parents, it was easier to make friends. Be it middle school, high school, or university, we never once went to the same school, but they're still my best friend~

23.07 We met at church. Ever since I was young, we moved around a lot so it was hard to make friends, but even when I changed schools we kept going to the same church, so most of the friends I've had for a long time are church friends.

23.08 It was on the first day of kindergarten. They said "hi!" when they first saw me, and I thought they were weird so I just walked past them. Then class started and they were outside by themselves, so I asked them about it later, and they said they were getting scolded for being late. Lol

23.09 My best friend and I met in college at our freshman orientation. I've already known them for over ten years, but I can still recall that orientation day vividly. Even now, they mean a lot to me, and we can catch up anytime without it being awkward.

23.10 My best friend and I were classmates~
We first met in middle school. In Korea, when I was a middle schooler, I was studying hard at a general studies academy that I went to during the winter break between elementary and middle school. The academy was just like school. At that time, we were in the same class. We ate lunch together, played together, and became friends - then in my second year of middle school we ended up in the same class and got even closer.

24. Try writing a funny story that happened with you and a close friend. (pg. 194)

24.1 When I lived abroad, I had a video chat with my US friend and a good friend in Korea. But I remember laughing so hard because they couldn't communicate and it was awkward.

24.2 We went to eat malatang... but then a bug tried to commit suicide in our soup... lol. As a result, I didn't really get to eat much, but I still had a really fun time with my friend. It was funny and sad at the same time. :'(lol

24.3 Right before middle school graduation, we had a fight over something I don't even remember now. My friend got up the courage to apologize first using a sketchbook like Love Actually, and thanks to that, we're still in contact even now.

24.4 When my friend was dating his girlfriend in secret, I knew about their relationship, but a rumor spread among our other friends that I was dating her so I remember my friend urgently announcing her as his girlfriend. lol.

24.5 We watch dramas together every day and try to imitate the speech and accent of the people in the show, and I remember cracking up when my friend did a really funny imitation. I know that's not very funny... It was the only thing that came to mind. I'm sorry if that's not helpful :(

24.6 My friend likes to imitate things from anime. When you watch anime, you always see people sitting and sliding down on the stair railings. So he imitated that, but real railings have a knob on the end, so without him even realizing how far down he'd gone, he rammed his butt on it and it hurt.

24.7 When I was living abroad, a good friend of mine came from Korea to Europe to visit me. I went to the airport to pick them up, and it turns out that a friend of theirs had been on the same plane going to Europe for vacation. They didn't know they were on the same flight, but I guess they ran into each other on the plane. So when they arrived in Europe the three of us traveled together for a bit.

24.8 When I was twenty I went on a trip to Europe, which was something I'd been wanting to do ever since I was young. When you become an adult, a trip to Eastern Europe is a must! So when I turned 20 I took the best trip of my life to Hungary and the Czech Republic for ten days with my closest friends, and it was even more special since I ended up celebrating my twentieth birthday in Budapest. I remember one time we went to a local pub and watched a live band that was so good, and I was so drunk that I fell asleep in the bathroom until the pub closed. ^^

25. Have you ever had a falling out with a friend? (pg. 197)

25.01 We had a falling out over a misunderstanding. I think misunderstandings arise when your words get twisted or you haven't kept in touch with each other.

25.02 We were eating fried chicken, and my friend ate all the good parts. But I wanted to eat them, too. I asked him to leave me a drumstick and we fought over it.

25.03 Until now my friend and I have gotten along without a hitch! I have fought with other friends in the past for talking about me behind my back.

25.04 The times I've had a problem with a friend are few enough to count on one hand, I think. Maybe that's why I don't really remember having a falling out. But we always express our emotions openly to each other and talk things out.

25.05 I think trust is really important in all relationships, not just friendships. In my case, one time a good friend of mine lied to me and the friends I was hanging out with, driving a wedge between us, so we drifted apart.

25.06 Hm, should I call them a friend? I've known them for 10 years I guess they're an acquaintance? We had a business together, but they ran away, leaving all the monetary losses to me. But I guess Korea is a pretty small place, huh? Haha. In the end, I saw that they took a bunch of ideas (that we thought of together) and set up a coffee shop in their hometown. But it wasn't that bad. I had already seen the signs beforehand and distanced myself from them.

25.07 Since I was young I've had a lot of fights over some pretty lame things. What comes to mind now is, ages ago the two of us were both really into Aikatsu, so we collected and traded the cards, and I gave them a set, but they gave me something that wasn't a set. Back then, there was an app on your phone that would show a performance if it recognized the cards, but since it wasn't a set, I couldn't see the performance, so we fought over that. Lol.

25.08 One time my friend asked me for advice, but then when they followed it, I guess things didn't turn out very well. Maybe that's why my friend got mad at me and we had a falling out. :(

25.09 There was a time when we drifted apart because we were both studying for our college entrance exams. We were both busy, and heading in different directions, so naturally we started to focus more on our own stuff.

25.10 One time we fought on a trip. My best friend tends to be pretty lenient. So then how did this happen? During the planning phase one person does general research. That person was me. My friend kept getting upset during the preparations, and eventually when we went, the schedule was pretty empty and we ended up doing things based on incorrect information. So in the end they got mad. When you're planning a trip, you shouldn't put off doing the things you're in charge of because it makes it difficult for the other person, right? I messed up.

26. Do you have friends much older or younger than you? Do you think age is important in a friendship? (pg. 200)

26.1 I have lots of friends one year younger. With those friends, I don't think I've ever felt an age gap except when they call me "older sister." I don't think age is of any great importance to a friendship.

26.2 When it comes to friends, I don't think gender, age, race, or anything else matters. I don't think the concept of friendship should be too broadly or narrowly defined - I think if you are of the same mind, you'll connect and form friendship and love.

26.3 I have very few, outside of my family members. For one thing, when you have an age difference, even if it's just one year, you have to use honorific language with them, and using formal language in itself creates some distance.
And when I talk to someone with a big difference in age, there are times when I feel an age gap, or a generation gap.
But I don't necessarily think that age is important to a friendship. I think any two people who get along well can become friends.

번역 06

26.4 I have foreign friends. One of them is three years older than me. I can feel an age difference when we talk about studying or drinking. My foreign friends say that age isn't important to friendships. But there's a social hierarchy in Korea, so if people have an age difference, I think it limits how close you can be. I don't think a small difference in age is a problem for forming friendships in one's working life, but for students, even one year feels like a big difference.

26.5 I don't have any. In elementary school I used to be close to the girls one year older than me in Girl Scouts, and I called them "unnie." But in middle school we had to address our seniors politely, so I had to be careful. When I addressed those girls, I would have to call them "seonbae." Now I'm in high school and the number of students in my year has increased, and we're all busy studying and only hanging out with the other people in our year, so I don't have much contact with my seniors. In any case, when you're a student I don't think you have much opportunity to get close to people older than you, so I think being the same age is important.

27. Do you have friends from another culture or country? How did you meet? (pg. 202)

27.1 Yes, I have friends from Japan, China, and Spain. If you're wondering how we met, it's because I did language training volunteer work. I helped do interpretation for the international students. I volunteered for about three weeks, and we naturally became close.

27.2 I don't have any friends from other cultures or countries, but I do have a mixed-race friend. They're my best friend now. In the past it felt a bit odd whenever I went to their house, there was all this food I'd never seen before, but now I just go.

27.3 Ever since I was young, the time I've lived abroad has been much longer than the time I've spent in Korea, so in my life I've met many different people who were born and raised in different cultures. I want to say I met my first foreigner friend in elementary school, even. Haha

27.4 I have a Japanese friend. We first met on a cultural exchange program in Ireland. During vacation we promised to meet up in Seoul or Tokyo but we couldn't because of the Coronavirus. But still, we keep in touch on FaceTime.

27.5 I do! My aunt graduated from college in the US, and my aunt's friend is half Korean and half American, so I think that's why they got close. She has five kids, and her oldest is the same age as me, so we've known each other since we were five. We also lived in their house in Washington when I was in fifth grade, but now we're not that close. We were so young.

27.6 I have two very close friends with different nationalities. One is an Italian friend that I met in my first year of college, and we're still really tight even now - always giving each other lots of love and support. And the other friend is a Swedish girl who is bringing light to the world as an amazing midwife. She's someone I spent time with while I lived in the US, and we're more like sisters than friends. :)

27.7 When I was 21 I did a working holiday by myself in Australia. When I arrived I went to a place called a Share House for the first time, and there I made not only Australian friends, but also Japanese and Taiwanese friends, too. We spoke in English, so my English skills improved a lot, and I was able to use my English skills to get into Katusa and make a lot of American friends in the military. Haha

27.8 Um, do you know Sting's song? Englishman in New York? Haha. It's like that, I think. I went to another culture to study, and I slowly ended up meeting friends over time. Even now, I don't have a single friend whose nationality,

06 번역

skin color, or personality overlap! Oh, or religion! Haha. We've met at school, on the street, while working, at the pub... it just somehow happens? I think that's something I've come to learn after living there

27.9 I have a Japanese friend who's currently living in Korea. We met at a language school in New York. People who go to language schools in the US are usually non-native English speakers, of course. So I had a lot of Japanese friends. Since we had a lot of chances to meet up. Anyway, this friend learned Korean from square one, and now they can have really natural conversations. Actually, Korea and Japan are very different even though they might seem similar. I always think my friend's courage is truly amazing.

28. Which one of your friends has the highest chance of surviving the zombie apocalypse? (pg. 205)

28.01 First off, I think I'd be the first one to die because I'm careless and I'm not very good at thinking on my feet. One of my friends is a quick decision-maker and has strong leadership skills, so I think they'd probably survive the longest.

28.02 I think I would end up surviving until the end. People who fight the zombies only exist in the movies - in reality it's best to hide and wait it out.

28.03 In my friend group, I have one friend who is always imagining what he would do if zombies appeared. It's always on their mind, so I think they'd be ready for it. So yeah, if zombies really appeared, I think they'd survive.

28.04 I think my friend Ju-young is most likely to survive the zombie apocalypse. He likes to analyze, so he's good at solving problems. Based on his analytical skills and problem-solving skills, I think he would come up with a good strategy to defeat the zombies.

28.05 However you look at it, wouldn't I be more likely to survive? I've watched a lot of zombie shows and zombie movies up 'til now, so I think I'd be able to handle it better when I run into a real zombie. I think my friends, on the other hand, are relatively inexperienced.

28.06 Um... wouldn't a cold-hearted, self-centered person have the highest chance of survival? Oh, and you also need good physical strength! Out of my friends I'm not sure. I know I would die fast. Haha. If it was me, I would be so scared I would lock myself in my room and live by eating food out of my fridge... then eventually I'd probably die of starvation or end up hanging myself.

28.07 Hmm... I think my friends have a higher chance of survival than I do. Reason being that you need a lot of fitness to back you up if you want to survive the zombies... and I'm super weak and I also have no muscle strength. Haha! And since I really hate running, wouldn't I just stand there and end up becoming a zombie? Please let there never be a zombie apocalypse... :'(

28.08 I think I'd survive the longest. Because I'm a nurse and I've watched a lot of zombie shows. But more than that, I'm really easily frightened, so I think I could survive for a long time.

28.09 I think any of my friends that's been in the military would be able to survive. Not only because they know how to use guns, but because they can also make tools, and they're used to making plans and strategies using the natural environment.

28.10 I think my handy friend would have a chance of surviving until the end in a zombie apocalypse. First, if you don't want to turn into a zombie, you need a weapon to protect yourself, right? But in Korea, you can't have a gun unless you're police or military. So if you've got a knack for making things, I think you're more likely to survive the zombie apocalypse, because you can at least make weapons by combining stuff around you. And of course, when

번역 06

the survivors come together to build a village, someone who's good with their hands would be useful in a lot of ways. Like repairing an abandoned house or a broken-down car. And, with those skills, you'd be an important strength to the village, so the others probably wouldn't be able to kill you or abandon you that easily, right?